力恩四分之三的擁抱

淡淡的幸福

力恩來台灣和我一起爬山

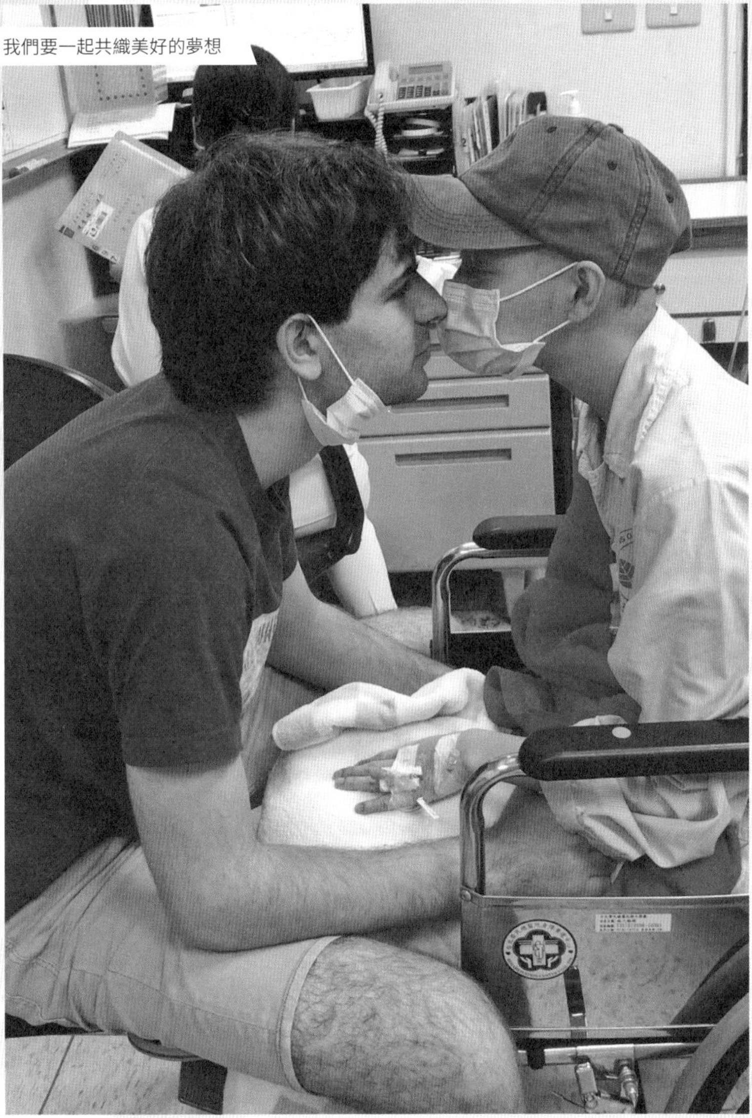
我們要一起共織美好的夢想

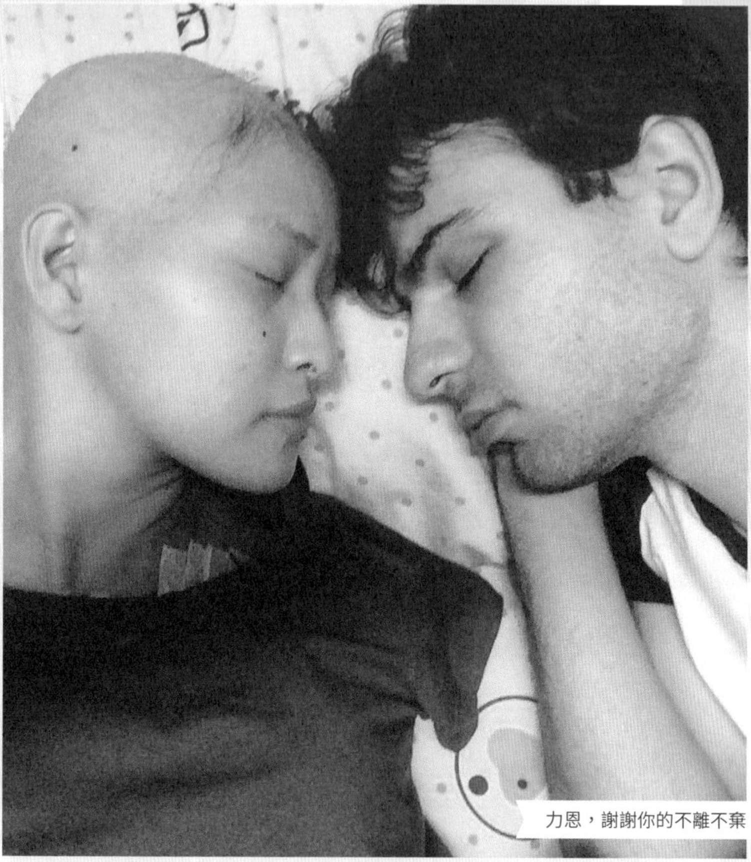

力恩，謝謝你的不離不棄

力恩外公墓園附近的跑馬場

不要說我堅強

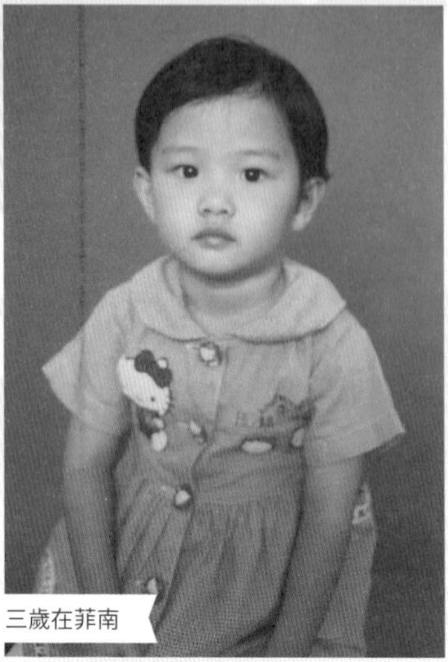
三歲在菲南

我在愛琴海

好歹是少女

幼稚園畢業

四歲和爸媽

和哥哥姊姊一起

World Vision
台灣世界展望會

第25屆飢餓三十人道救援行動
The 25th 30 Hour Famine

飢餓體驗DIY完成證明
DIY Famine Proof of Achievement

感謝 柯菲比 先生/小姐，為搶救全球遭逢飢餓、天災、急難、戰火下的兒童和困乏者，脫離困境，重獲希望，響應台灣世界展望會「第25屆飢餓三十人道救援行動」，參與飢餓體驗自辦營隊，親身體驗飢餓達 12 小時，其愛心善行令人感佩，特頒此證明，以資表彰其愛心與毅力。

This certificate is presented to Mr./Ms. 柯菲比 to certify that he/she has participated in the 25th 30 Hour Famine by experiencing hunger for 12 hours through a DIY famine group. The participant's efforts have helped to lift needy people from hunger, armed conflicts, natural disasters and other humanitarian emergencies around the world. World Vision Taiwan presents this Famine Proof of Achievement to recognize and commend his/her compassion and commitment!

你心若向飢餓的人發憐憫，使困苦的人得滿足，你的光就必在黑暗中發現，你的幽暗必變如正午。

～聖經以賽亞書58章10節

And if you spend yourselves on behalf of the hungry and satisfy the needs of the oppressed, then your light will rise in the darkness, and your night will become like the noonday.

(Isaiah 58:10)

台灣世界展望會 會長 南亞鹿

Executive Director
World Vision Taiwan

中華民國 103 年 12 月 25 日

飢餓體驗證明

文藝獎優等

獲選為教育部特教優質達人

參加公益演講

不要說我堅強

柯菲比、張瓊午（菲比媽媽）——著

我希望在我死後，
仍能繼續活著

感動紀念①

以夢的大門，迎接另一扇門的關閉

陳文茜（摘錄自《文茜的世界周報》，二〇一八年三月六日）

菲比今晚三月六日七點多離開了，我們預計八點半進手術房，讓菲比的眼角膜，遺愛人間。七點多接到榮總兒童癌症病房的通知。雖然早已預期，心依舊隱隱地痛。我想流淚，不爲她的離世，而是佩服，佩服她笑笑地面對死亡，佩服她不只沒有責怪老天給她的折磨，走之前，她和她的父母，還決定將眼角膜捐贈給需要的人。

他們比誰都明白，生命，多麼可貴：生命，多麼不可求。

於是菲比離開的今夜，不是另一個沒落的日子，而是另一個月出的夜晚。

今晚醫院大樓外，風聲不小，不只我懷念著菲比吧，許多遇見她的人，皆佩服著菲比活著面對死亡的態度。

她才即將二十一歲，卻擁有天使般的靈魂。

菲比走前，我特別趕回台北陪她度過心臟腫瘤移除手術，最後知道腫瘤又壓迫肺部，知道菲比來日無多，決定和她舉行訂婚儀式的希臘情人力恩對菲比說：「謝謝妳，讓我擁有一生難忘的愛情。」

醫院本來擔心菲比度不過星期天下午，訂婚儀式提早至星期天上午十一時半。那天，教會裡的教友一早爲菲比化了點妝，帶上假髮，穿著白色禮服，露出她青春年華該有的美麗手臂。光滑細緻，沒有人可以想像再兩天，她即將告別。

而另一個已然七年前截肢的關節臂膀，包在白色寬領內。

這一直是菲比的態度，有些傷口，不必刻意展示。人生所剩的已經那麼少，好好微笑，好好愛，快樂地迎接跨世戀情，已經來不及，何必言悲？

他們說，菲比自始至終沒有流什麼眼淚。

訂婚儀式後隔天，星期一，菲比戴著氧氣罩，已經開始喘氣。醫生根據過去經驗，建議痲醉，減少痛苦，慢慢「過去」。菲比說，再過幾天吧！我現在好快樂，我還可以忍受，我還想清醒的和我愛的人，多一些時間。

知道菲比還清醒，週一我把一個貴人送我的一克拉鑽戒，送到醫院，希望閃閃的鑽石伴著她。更因爲她面對生命的態度，宛如寶貴的鑽石。我請希臘情人把鑽石戒指放在她的手上，她的手非常纖細，手上血管因爲長期治療有些烏青，鑽石戒指在她的手上，有種說不出且特別的漂亮。宛如雕塑作品。

菲比，比我値得擁有它。

和劉若英聯名，我們送了她一盆花。花滿溢，在我的建議下，菲比摘下一些花，送給她愛及愛她的人。

第一朵送媽媽，一路上照顧她、養育她，陪同她走過一切的媽媽；接著送給她此生無憾的愛人，然後爸爸，護理長，照顧她如對待女兒般的陳威明醫師等。

我看著那個希臘男孩，不斷親吻她的臉並告訴菲比：「我好愛妳。」菲比戴著氧氣罩一邊喘，也一邊微笑，她好謝謝這些愛。

然後她拿著花，自己配色，撒嬌要姊姊多留下照片。

她細細柔柔的聲音下，埋藏多大的生理痛苦，我很難體會。我看到的是一個最勇敢美麗的女孩，還有她的家人。

她以微笑的甜蜜，消除所有人的悲傷。

其實我們多數人皆害怕死亡，才即將二十一歲的菲比，卻如此從容應對。

她有一個夢，以夢的大門，迎接另一扇門的關閉。

二氧化碳充滿了她的肺，她排不太出來，喘氣的她把自己裹在玫瑰花朵裡，花如從她臉上，摘下剛剛親吻後綻放的笑容。

在如痴如醉的微笑中，今天上午麻醉劑慢慢打入她的體內，然後她再把最後剩餘的愛，遺留給世人。

感動紀念②

莫忘菲比

不要說我堅強，讓我愛得頑強；不要說我堅強，讓我活得不一樣……

蔡淇華（知名作家）

「莫忘菲比。」在菲比媽媽的臉書ＰＯ文下，我寫下這四個字。

「幫菲比留下一本書好嗎？」我和菲比媽媽漸漸有了共識，但知道仍有許多細節需要去突破。

記得二〇一七年三月十二日，失去一隻手的菲比，在媽媽的陪同下，至台中尋我，算是正式拜了師。

「我好想出一本屬於自己的書。」那天菲比說到這個夢想，眼裡充滿了憧憬和笑意。

「我會幫妳，開始寫吧！」我開始期待菲比的作品。但五個月才收到三篇作品，現在才知道，她化療的結果一直不理想。

瓊午媽媽PO出菲比離世的當日，我打開命名爲「柯菲比新書」的檔案夾，讀著，讀著，鼻頭就酸了……菲比的文章，篇篇佳作呀！

在〈我還有一隻手〉文中，菲比寫下：「上帝給人兩隻手，一隻手向上爲自己；一隻手向下給別人。我的人生目標就是專攻身障社福領域的研究，用一隻手代替『雙手』的工作。我還有一隻手，我要寫出最美麗的人生！」

在〈四分之三的擁抱〉中，菲比吐出她青春最瑰麗的吶喊：「是我最近莫名的疼痛要我赴這個約。得骨癌後，我最不願的就是還沒談過一場轟轟烈烈的戀愛，就要死了。至醫院複診追蹤也檢查不出個所以然；但我想，我想冒一回險……。」

在二十歲生命的盛夏光年，菲比談了一場轟轟烈烈的戀愛，然後兩顆深瞳凝視深情人間後，裙裾飄飄，嫣然離世。但「出一本自己的書」卻是我一直未能幫她達成的承諾。

在四月待在德國的兩週，和菲比媽媽密集討論出書計畫，回國後，我們一起擬定了寫作的大綱，希望將菲比留下的作品，以故事的方式集結。

菲比媽媽毅力驚人，一章接一章，每個月都有進度，而且不怕接受建議，一再的改寫。七月十五日讀畢完稿，我回信給菲比媽媽：「恭喜，妳成功了，妳為菲比留下了一本超好看的美麗之書，故事軸清楚，感情濃郁又節制，好幾個地方淒美的像詩。」

之後感謝時報企劃蘭芳的奔走，協助《不要說我堅強》順利出版，讓更多世人認識菲比短如彗星，卻燦若星河的生命。

建議大家閱讀這本書時，也可以聽聽菲比創作的歌曲——不要說我堅強：

不再害怕堅強，願在愛裡隱藏；

不再害怕堅強，每個你們都讓我看見太陽……

好美，好好聽，好有力量。

菲比，謝謝妳讓美善在愛裡隱藏，謝謝妳在當了天使之後，仍帶我們看見太陽。

菲比，妳是最美的天使，妳不會被忘記的。

感動紀念③

菲比這位可愛且不凡的女生

張德明（台北榮民總醫院院長）

認識菲比，是在第三門診開幕預演時，大廳中流洩著美妙的鋼琴聲，循音符看見她正專注的彈奏，那是一個精雕細琢的身影。她悠悠的緩步走過來打招呼，清秀的臉龐有雙靈動的眼睛，流露著少女的靦腆，是一個看了令人愉悅舒服的小女生，洋溢著粉紅泡泡，像個精靈仙子。

我發現她裙裝的右邊袖子是空盪著，才知道是因爲國中時罹患骨癌，不得不截了右臂保命。其實菲比七歲時就寫出「挫折時要像大樹一樣，被砍了還要生長」的文句。更像她朋友莎霏說的「沒有不可能，只有能不能」。但憑左手，她寫文章又創作歌曲，得過許多獎，也廣受歡迎，這是多麼堅強勵志的生命。知道她是東吳外文系學生，又雙主修社工，立刻認真的當場邀請她畢業後病情穩定，來我們社工室任職，我看到她眼中燦爛喜悅的光芒。

之後知道她病情起了變化，恐已無法支撐。令人驚喜的，菲比離世前兩天，滿心歡喜地與摯愛的希臘男友完成婚禮，這跨越時空的愛情，是多麼的堅貞浪漫。有愛她的媽媽、丈夫、家人，和這麼多喜歡她的人圍繞，獻上最深的祝福，應該已是心滿意足。

菲比是個可愛且不凡的女生，很榮幸能幫她做些事，正如《安妮日記》所寫，菲比也希望在離世後的日子，仍能繼續活著，活出屬於菲比，獨一無二的人生。

感慟之餘，幸爲之序。

感動紀念④

只要有愛，面對死亡，也有永恆的美麗與盼望

陳威明（台北榮民總醫院副院長）

治療骨肉癌二十多年行醫的歷程，無數令我動容的故事，無數讓我永生難忘的臉龐深印在我心裡，菲比就是最讓我刻骨銘心的其中一位。

菲比民國八十六年出生於台北榮總，但民國一百年因右肩罹患骨肉癌再次回到北榮。因癌細胞冥頑不靈，雖然右上肢截肢，加上二十三次化療、三十四次放療，仍無法阻止她提早移民天堂。

菲比失去了右上肢，但從來沒有失去她的美麗笑容、勇敢、堅毅及純眞良善。

菲比雖然只有短短二十一年的人生，但譜出豐富精采的詩歌，寫下最美麗動人的愛

情故事。

妳的容顏和精神永烙陳爸爸及無數人的心中，妳告訴大家只要有愛，即使面對死亡，也能有永恆的美麗與盼望。

妳作的詞「因為缺憾，讓我明白很多事，也懂得珍惜；因為珍惜，讓我身邊開始變得不一樣」也會陪伴我，隨著歌聲，永遠傳唱。

菲比，陳爸爸愛妳，盼妳在天堂當一位快樂無憂的天使！

感動紀念⑤

這是一部神聖的羅曼史

陳震寰（國立陽明大學醫學院院長兼任台北榮總教師培育科主任）

菲比是一位非常勇敢的女孩，那麼年輕就得了惡性骨肉瘤，必須截肢同時接受多次的手術切除及化療，而且效果都不好；但她沒有因此放棄夢想，雖然只有一隻翅膀，仍然勇敢地展翅飛翔。事實證明，她做到了！她飛得好高好亮，成爲許多遭受挫折的年輕人勇往直前、努力奮鬥的好榜樣。

力恩與菲比不可思議的絕美愛情故事，給我很大的震撼！我深深地被感動，這是一部神聖的羅曼史。雖然菲比未能如願再赴希臘，力恩卻火速飛來台灣爲菲比打氣，陪她度過高風險的手術，一起對抗病魔的摧殘，在最後的時刻，獻給她一個神聖的婚禮，至終與心愛的菲比成爲婚配，同時完全滿足了菲比的心願。

在我的眼中，力恩好像是主耶穌，刻意尋找肢體不完整的女子，拯救她脫離敗壞中的肉體，帶給她生命的意義並與她結爲夫妻！世人喜好追求完美，歌頌義人，然而主耶穌卻來尋找罪人而不是義人，願意爲罪人受鞭傷，罪人便得了醫治；力恩打開了我的視野，原來世界上眞的有人視殘缺爲美，他說：An incomplete body is more beautiful!

其實我們原都是有殘缺的人，沒有指望，主卻來尋找我們這些失喪的靈魂，讓我們成爲美麗的佳偶，至終與主成爲婚配，這是何等美妙的愛情啊！

感動紀念⑥

一本菲比的美麗人生記錄

林瑠美（台北新生命小組教會顧師母／牧師）

我何其有幸，因著陳文茜小姐能認識菲比，能與這個美麗的生命有交集。

這個名字是美麗、勇敢、積極上進、堅毅，大蒙恩寵（擁有一段美麗偉大的愛情）、抗癌鬥士、才女（彈鋼琴、寫文章、創作歌曲）的集合。

「生命不在乎長短，只在乎內容」，菲比，短短將近二十一年，活得精采，活得豐富，活得堅毅不拔，令我佩服不已！

而我何等有幸能參與她生命的兩個關鍵時刻。

第一個榮幸是參與她二十歲生日的慶生。也是因陳文茜小姐的告知，我立刻聯絡教會同工，大家分頭買蛋糕、買禮物，我自己則親自跑去服飾店選了兩件美麗的衣服。然後，大家相約衝去榮總幫她慶生。人生的二十歲雙十年華何等重要，我們一定要讓她留下難忘美好的回憶。

第二個榮幸是參與她婚約的儀式，又有幸能主持，我一邊帶領著，一邊眼眶泛紅，好感動、好美的一對情侶。他們的愛是如此眞摯甜蜜，誠如聖經雅歌書八章6－7節：「求你將我放在心上如印記，帶在你臂上如戳記。因爲愛情如死之堅強，嫉恨如陰間之殘忍，所發的電光，是火焰的電光，是耶和華的烈焰。愛情，眾水不能熄滅，大水也不能淹沒，若有人拿家中所有的財寶要換愛情，就全被藐視。」這正是他們兩人愛情的寫照！

以下爲書中幾處菲比令我相當佩服的人生態度：

● 七歲時，她在日記上寫著：挫折時，要像大樹一樣，被砍了，還是能再長；也要像雜草一樣，雖讓人踐踏，但還能勇敢地活下去。國中得了骨癌，持續寫文章，創作歌曲。

●高二時，沒有讓自己的生活停滯不前，反而積極參與學校活動。高中三年期間，學習游泳，加入合唱團，贏得許多教育部所頒發的文藝創作獎項。

●勇氣是一種能力，是經過一次次全身麻醉的手術，數十次化療，和無數次的挫敗所累積出來的。她寫到：「我以破釜沉舟的心態過每一天，面對徬徨未知的明天，我決定珍惜每個平凡的今天。」

●她說，神在每個人身上都有一個計畫，雖然有時覺得看不見前面的路，但她心中總是篤定「我不是機率，我是菲比」，就算醫學上的數據再怎麼不好，她都是唯一的個體，要活出獨一無二的人生。

●她希望在死後，仍能繼續活著，她要像猶太少女和 Dora 一樣，在安睡之後，繼續以生命影響生命，幫助更多人。

●經過二十三次化療，三十四次放療；也做了很多生病前想不到的事：雙主修英文系和社工系、寫過八首歌，喜歡利用寒暑假自助旅行，用不同視野看世界。去過菲律賓、中國、美國、杜哈、希臘、日本，還被選上爲癌症基金會的十大抗癌鬥士。

●最後，勇敢的她選擇捐贈眼角膜遺愛人間。

我們親愛的菲比，雖然已經離開我們，但她美麗的故事將永活在我們心中。未來透過她的書，她要繼續影響許多人，繼續鼓勵許多現在正面臨人生挑戰的你。

這本充滿菲比傳奇一生的書，你千萬不要錯過！

感動紀念⑦

以短暫換永遠——菲比活出精采的生命

吳有成（台灣福音書房負責人）

從來沒有一次，爲一個年輕生命的離去，感到如此莊嚴和榮耀。

柯菲比姊妹，我們親愛的同工柯順清的女兒。她在國中二年級時，就確診爲惡性骨肉瘤，雖經過治療，到了國三畢業時竟又復發。當時爲了保命，她切除了右臂。令人動容的是，她在手術後，沒有哭鬧，反倒堅定的告訴母親：「媽媽，我這一生眞的只能倚靠主而活。」

在往後的歲月裡，她求學、練琴、幫助弱勢團體，喜樂健康的活在召會生活中。我們這些做長輩的，偶而從她父母親處得知她生活如常，甚至常常幫助別人，這實在是叫我們得安慰、受鼓舞。

菲比說：「神給人兩隻手，一隻手向上爲自己；一隻手向下給別人。」而她的人生目標，就是專攻身障社福領域的研究，要用一隻手代替「雙手」。她說：「我還有一隻手，我要寫出最美麗的人生。」菲比做到了。

因著信仰的緣故，她和家人都不畏懼死，也因爲可預見的死亡，讓她能更坦然向爸媽和家人，說謝謝和抱歉。當醫生宣告她的壽命可能只剩六個月，只能選擇風險極高的「開心手術」，以延長生命。菲比勇敢的接受了，但面對可能死在手術台上的風險，菲比堅持術前要見到家人，和遠從希臘趕來台灣的男友。她說：「這樣，我放心了，也放下了。」

菲比這種坦然面對人生終了的勇氣，並非常人所有，乃是活在她裡面的主，從她身上彰顯出來，使她能成爲這樣的人。菲比以二十一年的歲月，活出了基督生命裡可貴的人性美德，這叫我們不禁要低頭敬拜我們主的大救恩，和祂無以復加的憐憫。

短文紀念

「再長的道路，走下去就會走完！再短的小徑，不邁開步伐，還是在原地……」這，是菲比的信念！菲比，93另一個「生命無懼」的勇士！！

我知道，她的生命故事，終將在塵世中，燃起無限的生命火花。

——Dora 媽咪

菲比媽媽用了雙倍的溫柔，將我們緊緊環抱。菲比小精靈在這本書裡穿梭，回到了她在的森林。書裡滿滿世界上最純眞的愛。

——阿布（抗癌藝術家）

謝謝菲比常提醒我、也鼓勵我要更堅定的把愛傳出去。在離世前菲比不忘把愛遺留在人間，捐贈了眼角膜給需要的人。菲比：妳跟妳的希臘男孩在93病房完成了訂婚儀式，眞的爲妳感到開心，同時也讓世界看到愛的力量有多偉大！

我永遠都會記得我們一起去看球賽、看電影、看演唱會……彼此之間最美的回憶。謝謝菲比爲這世界帶來的力量！黑人哥哥一定會繼續努力、把愛傳出去！Lovelife 4 ever. 向生命鬥士致敬！

——陳建州（知名主持人）

那天錄完音之後，坐在副駕的菲比跟我隨興聊著天，言語之中無法掩飾她完成夢想的喜悅。我們談音樂、談人生、談未來、談夢想，刻意避免說到的話題，在輕鬆的氣氛下也聊了起來。這一切像是熟識的兩個好友，因爲同樣的頻率，我選了她的詞，她喜歡我的弦律，彼此在生命中都留下片刻的永恆。

——阿福（蘇打綠團長）

目錄 contents

Episode I

首部曲　青春之歌——遇見真愛

求你將我放在你心上如印記，帶在你臂上如戳記，因爲愛如死之堅強，……若有人拿家中所有的財寶要換愛情，就全被藐視。

——雅歌八章6－7節

目錄 contents

Episode II 二部曲 親情之歌——飲水思源

神爲愛祂的人所預備的，是眼睛未曾看見，耳朵未曾聽見，人心也未曾想過的。
——哥林多前書二章8－9節

Episode III

三部曲　**菲比之歌——我不是機率，我是菲比**

我雖然行過死蔭的幽谷，也不怕遭害，因爲你與我同在。

——詩篇二十三篇4節

目錄 contents

Episode IV ♪

四部曲　生命之歌——把愛傳出去

施比受更爲有福。
——使徒行傳二十章35節

要愛鄰舍如同自己。
——雅各書二章8節

Finale

終曲　惜別之歌——剎那即永恆

我們一生的年日……若是強壯可到八十歲；但其中所矜誇的，不過是勞苦愁煩，轉眼成空，我們便如飛而去。

——詩篇九十篇10節

My girl……

I hope you are very happy and well where you are now and I hope you can see me too.

I still feel sad sometimes because I miss you.

I think I will always miss you because I want to remember you.

I will never forget you, girl.

You gave me the most wonderful experience of my life.

I don't know if you can see inside my head, and see my feelings, but in any case, I hope and wish that you are seeing this text I am typing now.

Even if I knew I would lose you so early, I would still do it.

I would still be with you for every single unique and amazing moment that you gave me.

I would love you and I would fight for you, and I would try to be the best for you.

I will still try now, to escape, to find myself.

I will do it for myself now, though I wish you were with me so we could do it together.

But I have your memory …… and I think it's the most valuable thing I have.

I don't know if it matters at all, but at any moment, whenever,

I would trade my life with yours.

I would replace myself with you.

I will always wear the gold ring, and I will always carry you as my other half, because we are one.

I still can't throw your ashes in the sea.

Sorry, girl.

I still want you with me for a while.

The material part that is an ash form of a part your body, at least.
I hope at some point I can let you go to swim again.
And I believe that at another point I will see you again.
I just have to wait.
But I can do it, I am patient.
We are both patient.
Love you, your boy.

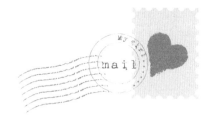

我的女孩：

我希望此刻的妳，在那邊過得很好、很快樂；同時我也希望妳依舊能看見我。

我有時候仍會感到悲傷，因爲我想念妳。

我想我會一直思念著妳，因爲我要永遠記得妳。
女孩，妳給了我人生最美好的經歷，我永遠不會忘記妳。
我不知道妳能否窺探我腦海中所思所想的並明白我的感受，
但無論如何，我盼望並期待，此刻妳能看見這些我所給妳的內容。
縱使我能預知我會早早失去妳，我仍然會這麼做。
仍會選擇陪著妳，與妳共享那些專屬我倆的點點滴滴以及妳所給予我的，令人驚豔的每一個時刻。
我會愛著妳，爲妳奮戰到底並試著爲妳而成爲最好的自己。

雖然我一直希望妳和我一起跳脫現實的框架，尋找自己眞正的人生方向。
如今妳不在，此刻我依然會自己去嘗試並尋找自我，因爲我還有妳所給我的回憶，我想這將是我所擁有的最珍貴的禮物。

不知道這樣的心願還有沒有意義，但不管是過去、現在或未來，我都願意將我的生命與妳交換。

我願意讓自己去頂替妳的位置，替妳承受那些遭遇。

我會一直戴著我們訂婚的金戒，我會一直將妳視爲我的另一半，帶在我的身上，並帶著妳繼續前進，因爲我們倆加起來就是一個完整的人。

女孩，對不起，我還沒辦法將妳的骨灰灑向大海。

至少這些物質是妳身體的某一部分以骨灰的方式存在著，我還想要妳再多陪我一段時間。

希望在將來某個時間點，我會準備好讓妳離開，讓妳再回到水中暢泳。

此外，我相信我還會再見到妳，我只需要等待那一刻的到來。

但我有耐心等候，我可以等候——妳和我，我們倆人都耐心等候見面那天的到來。

我愛妳，妳的男孩。

——文／力恩，翻譯／張瓊午（菲比媽媽）

小女菲比，雍容聰慧。主賜她洞悉啓示之靈。她對具永恆價值的事物，頗能悟領；捕捉運用之間，令人驚艷！她屬所有人，她的信心和堅定的勇氣，將永垂不朽！

——柯順清（菲比爸爸）

白髮送走黑髮，乃人生至痛；但我不能耽溺在悲傷之海，因為我答應了菲比，要把她的故事傳下去，使她得以繼續活在大家心裡。

本書順利付梓，心中充滿感恩。感謝蔡淇華老師、時報企劃蘭芳小姐和潔欣主編為本書出版所做的努力。

感謝趙董事長青睞，感謝許多為此代禱的朋友們。

也要感謝所有讀者，因為每位讀者閱讀之時，我至愛的菲比又重新活了一次。

——張瓊午（菲比媽媽）

在短暫的生命旅程中，若能發揮自己存在的價值，也就不虛此行了。親愛的阿比，謝謝妳讓姊姊領悟到：活在盼望中是多麼美好的事。永遠不要放棄去愛和被愛的權利！

——柯以諾（菲比姊姊）

阿比，妳是個令人心疼，惹人憐愛的詩人。妳的故事，不會讓我們只停留在哀慟與不捨裡。因為妳與神的經歷，必將帶我們到更高之地。最後我還是想說，謝謝妳能作我的妹妹，妳最懂我。

——柯凱章（菲比哥哥）

前奏·

用生命寫歌的折翼天使——柯菲比

「我希望在我死後，仍能繼續活著。」

這句話是一九四四年四月五日，猶太少女安妮在日記裡寫的，經過四分之三個世紀後的二〇一七年九月，菲比向媽媽說著同樣的話。

十三歲的菲比罹患骨癌，隔年失去她喜歡彈鋼琴的右手。失去一隻手的菲比，從來沒有失去她的笑容。樂觀善良的她說：

「人生有幾發煙火就放幾發，能燦爛的日子我就不會白過。每個人的一生都在失去，最有價值的是，我的靈魂得到了什麼，或是我讓別人的生命改變了什麼。」

菲比認爲助人是活著最大的意義，她說：

「『上帝給人兩隻手，一隻手向上爲自己；一隻手向下給別人。』我的人生目標就是專攻身障社福領域的研究，用一隻手代替雙手的工作。我還有一隻手，我要寫出最美麗的人生。」

當醫師宣判菲比的存活率不到百分之二十，她勇敢表示：

「我不是機率，我是菲比，就算醫學上的數據再怎麼不好，我都是唯一的個體，要活出獨一無二的人生。」

菲比離世前兩天，在病房戴著氧氣罩，滿足含笑地與希臘男友力恩完成婚禮。骨癌奪取了她的生命，卻讓她嫁給了愛情；善良勇敢的女孩，收穫了跨越時空的愛情。菲比和力恩眞心相愛的見證，勝過一切海誓山盟。

眞正的勇士不僅微笑地接受無法改變的命運，還把一切挫折化爲啟迪人心的正向能量。眞正的愛情使人變得無所畏懼，不計得失，只想爲對方付出。善良的菲比遇上浪漫又眞誠的力恩，譜出最美麗動人的愛情故事。

菲比離世後，媽媽將她的筆記、創作，和她的生命故事加以潤飾、編輯成冊出書，以完成她「永活人心」的夢想。菲比的人生雖然短暫的不到二十一年，但她的生命價值不在長度，而在其寬廣與充實的內容。

陳文茜女士說：

「菲比的人生好短，卻教給我們太長的智慧。我沒有看過這麼勇敢，充滿愛的人。菲比因爲身邊擁有的愛，讓她短暫的生命，從淒楚變成永恆的美。」

作家蔡淇華老師說：

「莫忘菲比，當你忘記勇敢和善良時，請想想菲比。」

菲比不是一個假的童話，是眞實的人生。如果你對菲比的故事有興趣，本書將陪你一幕幕回顧她奇幻的生命風景。準備好了嗎？讓我們一起揚帆啟航吧！

首部曲｜Episode I

青春之歌——遇見真愛

求你將我放在你心上如印記，帶在你臂上如戳記；因為愛如死之堅強，……若有人拿家中所有的財寶要換這愛，就全被藐視。

——雅歌八章6-7節

我 17 歲生日

彼此相愛是我們共同的語言

1 來自愛琴海的告白

自從上高中以來，我一直有個赴美國進修的夢想。

我喜歡美國自由多元的文化，也很想精進英文，希望能具備與全世界溝通的能力。每當我和外國人及海外返台的學者聊天，總能感受他們開闊的世界觀，深深吸引著我。我也想認識美國和歐洲的完善社福制度，寫下弱勢族群的文學故事，藉文字帶給社會更多溫暖；我還想從事身障族群文學的翻譯，因爲這在台灣還有很大的發展空間。

升上高二之後，似乎否極泰來，連續得到教育部頒發的「文薈獎」和「特教優質達人」及「奮發向上獎」，累積了爲數可觀的獎金，已足夠支付我的遊學費用。考完學測後，我積極辦理護照、機票等事宜，準備畢業典禮隔天，就赴加州圓夢。

我迫不及待要體驗美國自由的生活，探索這廣大的世界，並爲大學的英語課做準

備。但我心裡正編織一個更綺麗的夢，在過完十八歲生日的隔週，因一份意外的生日禮物，這個夢有了線頭。

那天傍晚，我剛進家門，媽媽給了我一份厚厚鼓鼓的小包裹，我看了包裹上是以英文書寫、從希臘寄來的。媽媽帶著詭異好奇的表情詰問：「這是什麼？今天剛收到的。」「又沒看過內容，哪知道？」，我沒好氣地回答。

我把郵件拿回房間，迫不及待並小心翼翼地拆開來看。原來是一盒巧克力和一份很特別的立體生日卡片：藍色海浪背景的卡片上，印著一首耐人尋味的英文詩。詩的內容頗具深度，大致是：「恭喜妳十八歲了，正是揚帆啟航的時候，祝福妳將要航向知識學海，邁向獨立的大學生活。」

海洋上有一艘用紙摺成的大船，大船的船身用中文寫著我的名字：菲比；大船裡有一艘小船，小船的船身寫著英文名字：Spiros。我給 Spiros 取個中文名字「力恩」，是力上加力，恩上加恩的意思。如果我不夠細心可能就不會注意到，小船裡面竟然還隱藏了一個小信封，小信封裡有一張小紙片，小紙片中央畫了一顆紅色的愛心，愛心底下寫著一行文字：「You found my heart.」

「不會吧！也太浪漫了吧！」

驚嘆之餘，我推敲著寄信人的用意，口中不時喃喃自問：

「他這算是向我告白嗎？」

「他是誰啊？」媽媽從門外探頭進來問我。

「老媽妳很討厭耶，幹嘛要窺探我？」

我嘴上雖然埋怨著，心裡卻有股甜甜的滋味。

「是網路上的朋友。」我不想隱瞞。

「網路交友小心為上策。」

「媽，妳又來了！已經講過N遍了！」我有點不耐煩。

老媽的個性有點悶騷，冷靜古板的外表下，藏著一顆單純火熱的心；她自己愛做白日夢，卻整天叮嚀這、叮嚀那，怕她涉世未深的寶貝女兒吃虧上當。

「放心啦，我又不是第一次交網友！」我扯著嗓子回答。

媽媽不但窮緊張，還喜歡叨念。我已經不是三歲小孩，而且我和網友的互動都會跟她討論，何必瞎操心呢？

我喜歡和各國的人作朋友，也曾經交過幾個網友，他們開拓了我的視野，而且網路上的朋友不會造成心理負擔，可以隨便聊也可隨時撤。我的網友多半沒有維持很久，不是他們自動失聯就是被我封鎖。媽媽禁止我跟虛擬的網友談感情，除非他出現在我眞實的生活，否則免談！

生病住院的日子孤單又無聊，同學們忙著上學，我只能上網找人天南地北地打發時間。我交網友是有原則的，以我獨特的第六感做出最準確的判斷，不懷好意、或是猥瑣沒品之徒，立馬封鎖。

我認識的第一位網友是跟我同齡的印度人，他不但英文講得流利，說話也充滿自信，還會在視訊中跟我爸說「Hi」。從他那裡我略知印度有趣的民情風俗，因此當我看李安執導的電影《少年PI的奇幻漂流》時，感到特別親切。後來因爲印度網友太聒噪，也太愛聊，我孱弱的體力無法奉陪到底，只好不了了之。

第二位網友是馬來西亞籍的西班牙裔穆斯林。他長得很酷，說話卻很溫和，不像一般刻板印象中的伊斯蘭教徒。有一次他傳了和朋友戶外打球的照片給我，我看照片上清一色的男生，就問他怎麼沒有女孩子？他只回我「What do you mean?」從此查無此人，自動失聯。

第三位網友是中國的大學生，家住東北鄉村。爸爸覺得他很上進，對他印象不錯，我們算是互動比較久一點的。此人似乎是個老饕，因他三不五時跟我炫耀說，他吃了什麼「賊拉香」料理（東北話來說就是非常、特別好吃的意思），也常提醒我要記得吃飯。

有一天他說：「在咱東北鄉村，大爺們一年難得洗個澡。」我的臉上三條線。

「蛤？有沒有搞錯？怎麼可能!?」也不知他說的是眞是假。他想送手機給我，但被我拒絕了。感情不是用物質交換來的好嗎？何況來台灣的機票也不貴，要送手機還不如買張飛機票過來見個面呢！網友畢竟是在虛擬世界中來往，套用北京話：感覺就是「不靠譜」。

「如果那希臘男孩眞的喜歡你，就邀他來我們家，讓我們雙方彼此認識。」

媽媽的聲音把我拉回現實。

「老媽妳會不會太誇張了？」

希臘跟台灣相隔起碼約有九千公里吧？八字還沒一撇，妳這不是太強人所難了嗎？

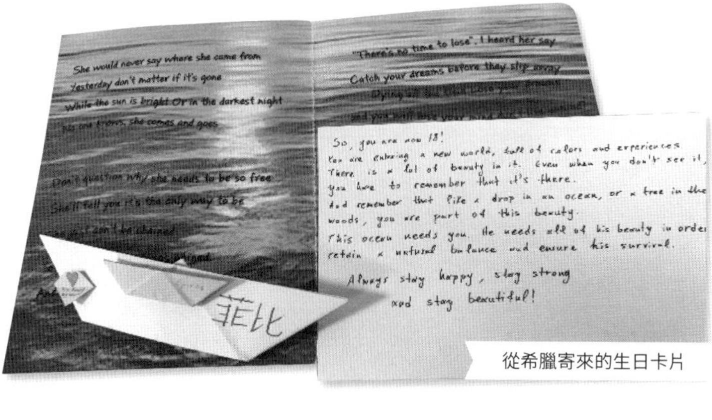

從希臘寄來的生日卡片

2 萌芽的愛情——好歹也是少女

學測大考放榜一陣子了。看著籃球場上揮汗如雨的同學們，三年的蒸汽燜鍋一個個被掀開來，散發濃濃的青春氣息。這場球打得好愜意，在操場邊散步和球場上的這群人都有學校念了，那汗水伴隨著青春的千里快哉風，也在風中的我，不禁笑了。

坐在禮堂外的階梯上，不再有考卷催促我的下一步，這是一次生命的放空，只想仰望白雲蒼狗，就算眼神呆滯……。

「叮咚！」螢幕上的信件通知，才瞄一眼我就沒膽看了。前不久在網路上認識的希臘男孩又來信了。在上一封信，我向他提及以前得病截肢的事。

力恩：Really? This must have been very rough for you! I'm very glad to hear that you are doing better. Did you feel depressed when it happened, or you tried to see it in a positive way?

（是嗎？那段時間妳一定很辛苦吧！但我很高興看到妳現在好多了。那時候妳很沮喪嗎？還是妳試著以正面態度看待呢？）

我已讀了，游標卻溺在無盡的思緒漩渦中。

上課鐘響了。關上螢幕，和同學們一步步走回教室，朋友問我怎麼若有所思，我也支支吾吾的。若是同輩，能問到這個問題，代表他願意多認識我。

這是個隱藏的相處模式，同輩通常爲了禮貌，不會過問我手臂的事。通常是非常熟稔，或是什麼特殊機會，我才得要把那「史詩般」的病史搬出來講。

我和力恩已經通了一陣子電子郵件，到這時刻該屬正常，可我卻沒來由地緊張。回信每個字都小心翼翼，總再三確認有沒有拼錯、文法哪裡不順，像解摩斯密碼，好似送出時一出錯，手機就會爆炸似的；抑或是，怕幻想中的好感，會褪色在我破碎的隻字片語間。

旁人或許會說：「只是個網友，這麼認眞幹嘛？」但不是我對語言交換夥伴太認眞啊，是他太與眾不同了。住在約八九六二公里外的力恩，喜歡亞洲文化，會說希臘語

（先前以為聖經時代才存在的語言）、英語、德語，正在學中文和日文；主修資工，卻看數百部電影，又寫專業影評，儼然是個文理兼修的才子。

我們起先在一個國外的截肢者支持網站認識，他是一個支持者（Supporter），後又發現兩人的興趣同樣是語言交換。從他寄第一封E-mail後，我們試過認眞地進行語言交換，但希臘文實在太困難，我便暫時放下想要讀希臘原文聖經的夢想。

聊個音樂，他就回我一串平沢進（平澤進，日本音樂家、製作人）的歌，叫我這個對日文歌沒涉獵的女生傷腦筋。中文的教會詩歌他也聽不慣，可他的文字節奏像一種吟唱，我不禁想以同樣韻律合拍。他總害我讀信時耳邊響起〈浪漫手機〉的旋律：「短信的橋樑，將曖昧期拉長。我們的感情蔓延滋長，用文字培養，在虛擬土壤。」

「比比，妳到底怎麼啦？一會兒亂笑，一會兒沉默的。該不會是……戀愛了？」朋友的臆測害我慌亂回神。

「我？戀愛？怎麼可能啦！哈！」下意識接話，似乎也是眞心的，卻不曉得自己這句話背後，拉了多長的陰影。

「怎麼不可能？妳好歹也是個少女啊。」戴棕色放大片的女同學，睜大雙眼瞅著我。

喜歡我的人，必定又耗費光陰，犧牲了他的歲月。爲了不要誤人一生，「不發生」爲最安全的辦法。可難道身體外觀跟其他女孩不一樣，我就該如此自我定位嗎？

「我也不知道啦。也可能吧。」

接下來是一陣高分貝興奮的尖叫聲，以及繞著我轉圈圈無端的慶賀。是啊！雖然我既呆又殘，但好歹也是少女啊！

3 不能說的祕密

生命的旅程充滿了奇幻與冒險。我的生命可以用十三歲作爲一個分水嶺。在十三歲以前，我的人生風景有如江南畫舫，歡樂安適、處處美景。而十三歲以後呢，有如急流泛舟，驚濤駭浪，隨時都有溺斃的可能。

十三歲那年寒假，我和兄姊及鄰居惠珍（化名）一起看《不能說的祕密》這部電影。惠珍姊和我同時瘋狂愛上電影裡的主題曲。以爲只要熟練這首曲子，並加快彈奏的速度，就可能在時空中穿梭，並遇見心目中的Mr. Right。於是我們相約每天一起飆速練琴。彈著彈著，我們不禁吟唱：

你說把愛漸漸放下會走更遠
又何必去改變已錯過的時間
你用你的指尖 阻止我說再見
想像你在身邊 在完全失去之前

你說把愛漸漸放下會走更遠
或許命運的籤 只讓我們遇見
只讓我們相戀這一季的秋天
飄落後才發現 這幸福的碎片
要我怎麼撿 （**不能說的祕密** 詞：方文山）

我們一遍又一遍，不厭其煩地練習。我急著趕上惠珍姊的速度，即使右手臂越來越痠痛，也不以爲意。當時我憧憬著唯美又浪漫的愛情，完全沒有預料即將面臨生命的風暴。我們邊笑邊彈，直到她的彈奏嘎然而止。惠珍姊說：「好了，我的好妹妹，今天就到此為止吧！」

說完她咧齒而笑，露出一條明顯的牙齒矯正鐵線。我前陣子剛去牙科診所應醫師指示拔掉四顆牙，準備過幾天要裝上同樣的鐵線。忽然我脫口而出：「裝上矯正器痛不痛？」

「當然不舒服啊，不過還可以忍受啦！」她不假思索地回答。

一向害怕打針、怕痛的我，現在回想起往事畫面，不禁慨嘆，當時的自己是多麼天眞啊！誰又能預料，我後來所面臨的磨難要比牙齒矯正的痛苦，何止千萬倍？我也沒有料想到這首歌曲竟成爲我和力恩的寫照。在召會嚴謹的氛圍中，在滿二十歲的前兩年，我和力恩的愛情，也一直是個不能說的祕密。

惠珍姊和我一起把鋼琴蓋上，這時我姊姊以諾和哥哥凱章拿著籃球從房間出來。

「走吧，我們打球去！」以諾向惠珍姊發出邀請。

「阿比也一起來吧！」凱章附和著。

我正猶豫著是否要先預備一下開學用品。

媽媽拿著運動鞋衝出來：「阿比出去動一動，穿上我新買的鞋。」

我接過鞋來，嘟著嘴嚷道：「媽，妳會不會太誇張阿？連個鞋帶都會綁錯！」

「姊姊幫她綁」，媽媽轉向以諾求救。

老媽有著梨形的身材，一頭俐落短髮塞了一綹髮至耳後，臉上戴著一副老氣橫秋的眼鏡。她對家庭盡心盡力，凡事不拘小節。她常掛在嘴邊的一句話是「做事要分輕重緩急」，而她所謂的大事，是指讀書和運動，吃飯穿衣卻被視爲輕微小事。

她不肯把時間花在整理廚房或臥室，她的邏輯是，只要東西找得到就沒差；但卻常忘記東西放哪，要用到時就上窮碧落下黃泉似的翻箱倒櫃。她這毛病常被老爸詬病，卻絲毫沒有改進的意願。她的價值觀是智慧知識永恆存在，不需追求外在的華服美食，也算是個容易滿足的人。

「我媽是個生活白癡，連打個領帶、綁個蝴蝶結都不會。」

以諾邊向惠珍姊解釋，邊把鞋帶綁好。不明就裡的惠珍姊，只能尷尬的在一旁陪著笑，她不知道這是我們母女慣常的溝通模式。

老爸的個性跟老媽大相逕庭，他總是穿著整齊，要求家裡整潔有序。他熱心助人，總是把服務別人的重要性擺在家人之先。爸爸對工作全心投入並堅守原則，有時候讓人覺得很固執。他會用責罵管教我們，對我們的要求是：平日上課不准遲到，週末召會的聚會不准缺席。

全家人中，我最佩服的是以諾姊姊。她做事認眞，讀書很用功，要玩也很行。姊姊討厭穿裙子，臉上常掛著陽光般的燦笑，可愛的中性打扮，其實個性很溫柔。姊姊很獨立也很顧家，她一直都是我的榜樣。

凱章哥的正義感很強，心卻很軟。他喜歡熬夜晚睡，不會爲讀書違背自己的意願。他把同伴看得比家人重要，個性有點丟三落四。哥讀高中時通車上學，有時手裡捧讀著武俠小說回到家，卻把書包留在校車上。我記得他不止一次因而被媽媽責備。不過哥哥對事情常有獨到的見解，你若與他深談，就會發現他很有內涵，我喜歡跟他聊天。

4

追尋真愛如坐大怒神

尋找生命中的靈魂伴侶，其過程有如坐大怒神，不時尖叫連連。第一次體驗大怒神，是在小學的畢業旅行。當時心硬腿軟地喊好玩，鐵著心說要挑戰，下來後一直抖。長大再去卻心軟腿硬，快排到時，怎麼也都不敢上去，我落跑了。

我沒有小時候勇敢，但我知道，有一天，我終究要再坐一次。

記得在國小三年級時，班上有位男同學向我告白。他是模範生，又跟我是同年同月同日生，我就理所當然地認定自己長大後應該跟他結婚。沒想到國小四年級他搬家轉學，從此離開了我的生活。

在我小學六年級時，有一位帥氣的資優班男孩，多次暗示他很喜歡我，還把這心事跟他媽媽講明。他的媽媽在郵局上班，跟我好朋友的媽媽是同事，而她媽媽又湊巧跟我

媽媽也很熟。總而言之，我和他根本沒有交往，就已經成為媽媽們茶餘飯後閒聊的話題。甚至我爸帶隊訪問菲律賓召會（又稱教會聚會所）時，帥氣男孩和他媽媽也同行。其實我還滿喜歡他的，但是畢業後我們就讀不同的學校，從此也就沒有交集，僅成為偶爾聯絡的朋友。上大學後我在臉書上看到他有女朋友了，我們彼此大方地祝福對方。

剛升上國中時，有一位學長想跟我交往。不知他是吃了熊心豹子膽還是……？他竟然把告白信拿給我的導師，請導師轉交給我。各位不用猜就知道後果啦！

可是他不死心，因他是糾察隊員，常藉機在我放學回家的路隊中，陪我走一段。有一天學長很慎重地跟我說：「請妳給我七年的時間，我會努力充實自我。到時候我會證明，自己有能力好好照顧妳，請妳務必要等我。」

第一次遇到這麼誠懇的告白，心裡真的很感動。可是我們談了幾次話後，發現兩人就好像兩條平行線，找不到交集的話題可以聊。雖然我媽說他很實在，但我仍誠實地向他表達我的歉意：「謝謝您喜歡我，但請您不要等我，因為我們沒有共同的話題，還是當朋友比較合適。」

有次邀請學長來參加召會聚會，他真的來了，會後我爸爸送給他一本精裝聖經。之後我們就慢慢斷了聯繫，只在臉書上知道他過得很好。事過境遷，我想要說的是：「學長，真的非常感謝您。」

截肢後，高中的我仍對愛情有著憧憬，但我已經不再是原來的菲比了。我有著深深的自卑和怕被傷害的自尊。愛情對我來說，變成一種遙不可及的夢想。有位同病相憐的H君，寫了一封情真意切的告白長信給我，我拒絕了。雖然我渴望愛情，雖然他跟我一樣罹患骨癌，但是我知道友情和愛情是不一樣的感覺，相信他會明白。

這些生命驛站的過客，最後和我終成平行的軌道，他們都不是和我一起登車，一起坐看生命風景自窗外呼嘯而過的那個人。但我知道，會有一個人，當他坐在我身旁時，我會雙腿發抖，內心一直尖叫，像坐大怒神。

尋尋覓覓，長久守候的那個人，在我上大學前終於出現了。力恩，謝謝你勇敢地走進我的生命，和我一起體驗大怒神的奇幻人生。

5 四分之三的擁抱

力恩，我眞的想不到你不只從愛琴海寄了信來，這次你還「來眞的」。當時視訊，你的溫柔語氣藏不住興奮：「我要去台灣了。」起初我以爲是玩笑話，你卻吐露如何以絕食抗議三天的決心，成功說服了父母並訂好機票。

我嘴巴上說：「哇！眞的？太好了！」事實上緊張的情緒直直飆升——當初語言交換時應允如果你造訪台灣，會當你的導遊，只是說說的啊……。過去幾個月頻繁的視訊通話，已經多次聊過不少國際社會議題、甚至談心，知道你的成熟、爲人正直，也恨不得告訴你我有一點喜歡你。可我們的界線劃得很開，我生於一個台灣正統的基督召會家庭，雖然你也是希臘正教的基督徒，但我以爲是到了天國，我倆才會屬於同一國度。

我以爲這淡淡的感覺，只會隨著暑假結束畫下句點。我當然曉得以召會「正統」乖

小孩的價值觀，似乎不該單獨與你見面，但沒人會懂，是我最近莫名的疼痛要我赴這個約。得骨癌後，我最不願的就是還沒談過一場轟轟烈烈的戀愛就要死了。至醫院複診追蹤也檢查不出個所以然；但我想，我想冒一回險。你這次的誠摯邀約，我又怎知，不是上帝差遣飛機，將白馬王子送來我這呢？

「天馬行空」的我，此刻已站在桃園機場迎賓處等著你。這種感覺眞神奇，你將會第一次出現在螢幕之外；你將從平面的視訊畫面變成高挺挺一米八的大男孩；你會和我面對面、肩並肩討論人生。我不知道該怎麼面對你，還怕講英文會打結。我只算是個短暫的地陪吧？事實上我沒有任何經驗啊！

早上挑了件靛藍長裙，搭白色內裏短T，我便七上八下地搭車至此。一位位出了那雙層大門的男人，我都仔細檢查：太矮、太老、太小、太壯、金頭髮、烏黑髮、沒頭髮、肩上舉著小孩，還有穿夏威夷裝的大叔……。我站得兩腿發軟，開始駝背又顯出疲態，半小時、一小時過去了。雙眼發直的我，只想趕快找張長椅坐下來，又怕走遠了讓你找不到。

我站在接機大廳出口邊，幾乎把人生來回想了一遍。

我向神祈禱著，求祂赦免我聽不到祂的旨意。我求神赦免我過去的自卑，不懂得為祂賜我的恩典而感到驕傲，反倒擔心自己耽誤別人，或是浪費了一位男孩的帥氣青春。我向神認罪，為我的信心渺小而感到羞恥。我閉上眼睛祈禱，盼力恩一切安好，這是最重要的。若是力恩，你沒有出現，我會默默步出桃園機場，今後也將帶著從你那裡學習到的希臘智慧觀點，和對愛情的希望繼續走下去。謝謝你教我的一切。從你，我窺探了另一個世界。

雙眼緩緩睜開，吸了一口氣。一陣匆忙的滑輪聲：左一個小行李箱，右一個中行李箱——磕磕絆絆的腳步似乎挺不協調，斜背著筆電包和黑色後背包的一個T恤短褲男孩，從那個不怎麼偵測到他的雙層自動門，尷尬地小跑步闖出，朝我迎面而來。

我一眼便認出你了，然而我也僵住了。一米八的身高，搭配深邃五官的你，也太俊美了吧！不得不說，我瞬間感覺秒針慢了十倍，你緩緩地朝我奔來……有一陣微風，讓我髮絲合作地往後飄。你的深瞳在離我五步距離時，吸住了我，你放下了手邊兩個礙事的行李，輕輕地低下身伸出那結實的雙臂，我抬起手觸碰到你背的那刻，耳際響起了從未聽過的樂音，頭上有天使在奏章：我好暈，這太誇張了。只能說《三個傻瓜》裡面藍丘和佩雅的那段相遇是眞的。你和我圍成了一個四分之三的擁抱，兩個世界合一的時候旋轉了好幾圈。

力恩，你的擁抱是那種抱緊了，就讓時間凍結了的猛烈溫柔。從第一次的擁抱開始，你給我滿滿的關愛，而我所能回應你的，總是缺了一角，無法形成一個圓。

6 命中注定遇見你

力恩，我的人生可能早在十四歲那年結束了，但我卻在十八歲遇見了你。

我常在想：如果沒有罹患骨癌，我就不會截肢，如果沒有截肢，是否我就不會認識你？但人生沒有「如果」，也無法預先彩排。雖然你常說：不管我是否少了一隻手，你都一樣喜歡我。有時候我仍然會有錯覺，我的截肢是爲了遇見你，彷彿這一切都是幕後有一隻看不見的手操控著我們。

在我生病期間，媽媽和幾位禱告同伴，每週固定時間聚在一起，爲孩子們提名禱告。當提到我的名字時，她總是向神祈求說：「親愛的父神，求祢差派天使來安慰菲比。」然後就在我十八歲，高中畢業前夕收到力恩的告白信。媽媽常說：「力恩是神派來安慰菲比的天使。」

曾經，我拚命練習彈奏〈不能說的祕密〉，幻想著有位白馬王子會穿越時空愛上我。那時才十三歲的我，做夢也想不到屬於我們的愛情，竟然眞的在現實中上演著「穿越時空」的戲碼，而且戲劇性有過之而無不及。

力恩，你還記得我們曾經的對話嗎？

「我們相隔那麼遠，語言文化天差地別，你怎麼會找到我？」

「第一次在網路上看到妳的頁面那天，我一如往常在網頁中瀏覽，忽然螢幕跳出一位少女吸引了我的目光，黑色的捲髮配上優雅的五官，典型的東方臉孔看起來像是日本人。」

「你以爲東方人就是日本人？還有，我本來是直髮，化療後新長出來的頭髮卻變成捲髮」。

「頁面上女孩的笑容清純可愛、秀氣的眉宇間，透露著無比的堅定。」

「你的嘴像塗了蜂蜜，我哪有你說得那麼好？」

「我盯著螢幕上的女孩，只有左手而右手臂空無一物，給人一種溫暖協調的感覺。

彷彿不完整才是美麗。」

「竟然有人說獨臂具協調感！不可思議，我的缺陷竟成爲被喜歡的優點。」

「妳是那麼完美，我覺得自己配不上妳，又迫切想要認識妳，終於鼓起勇氣發出邀請好友的郵件。」

喔！力恩，配不上的人是應該我吧！

起初我並未收到那封郵件，你發現問題後，付了若干網路費用，訊息才成功到達我的信箱。除了簡單的自我介紹，你還表達了渴望認識一位肢體不完整的女孩。我收到從希臘傳來的郵件非常好奇。

「怎會有人對肢體不完整的人有興趣？」我立即回信給你。

交換了第一封郵件之後，你滿心雀躍，繼續與我用 E-mail 通信，然後用 Skype 傳簡訊。

力恩，當時你對我說：

「我每天都期待收到簡訊並立即回信；不管走到哪裡，妳的影子在我腦海出現。我跟朋友去看電影，卻寧願陪我的人是菲比。我和家人到風景區散步，心裡想：要是菲比能看到這麼美的風景多好啊！我用臨摹方式學習菲比的中文寫法，這兩個字就像音符，每天在我心裡跳躍著，在我耳旁響著。我很確定自己愛上菲比了。經過深思熟慮，在妳生日前我請求家人幫忙，精心合作完成了一份很特別的立體卡片，當作我的告白。」

我聽到這麼誠摯又羅曼蒂克的話，一度懷疑你所描述另有其人，但一再重複的「菲比」証明我的耳朵沒有聽錯。我應該回答你一些感性的優雅文辭，比如說一首詩或小曲之類的，然而心慌意亂的我只回說：「我很喜歡這份禮物，本以爲是你獨力完成的特別卡片。」

你口中所指的這份告白禮物，飛越了愛琴海並且輾轉遠渡，在我生日已過一週才收到。

你說：「等候禮物送達期間，我心裡特別忐忑不安，萬一菲比沒發現隱藏在小船裡的小紙片怎麼辦？我不想輕易破壞精心設計的梗，又按捺不住想快快表達心意，所以又經由簡訊給了妳一些暗示。」

我回：「收到這樣的告白，我感到心裡甜甜的，卻又不敢抱太大的希望。」有人說少女情懷總是詩，我憧憬著愛情，卻又對自己沒信心，我害怕自己的不完美，粉碎了你對我的美好印象。

高中同學好多人都有戀愛對象，屬於我的愛情有可能來到嗎？隔壁班那位常找藉口來我們教室，眼睛不時往我這邊瞅的帥男生，我曾經期待著，卻始終沒有等到他的告白。我心想他可能是考慮到現實問題吧？我缺了一隻手，身上還帶著隨時復發的癌症，就算他勇敢告白又如何？我能活到結婚嗎？他的父母會同意嗎？就在我以爲自己永遠等不到愛情的時候，力恩，你出現了。你坦率而眞誠，浪漫又帥氣，而我……我卻猶豫了。

我帶著你的告白，懷著愛情的夢想和對世界的好奇，獨自出發到美國去探險。爸媽預先替我安排住在丁世威伯父家，他們一家人都很親切，也充分展現美國尊重個人自由的風氣，讓我感受前所未有的釋放與開懷。我們參加了安那翰夏季訓練，也到黃石公園和迪士尼樂園遊玩。在安那翰巧遇從台灣嫁到美國的淑如姊。淑如姊和她在柏克萊大學教書的老公提議要帶我到舊金山觀賞金門大橋。走在金門大橋上，體驗夢想成眞的美好。我爲了這個夢，曾經在房間牆上貼滿照片，天天告訴自己，有一天我會在這橋上經過，而現在的我，也成爲橋上風景的一部分。

我來到寶來塢電影《救救菜英文》裡所描述的的社區大學就讀，果然各種膚色和年齡層都有，在無需死記死背的氛圍中，學習語言是很快樂的。從小學跳級、國中在家教育、高中猛趕進度，到高中畢業來美國遊學，一路走來我覺得只要拿掉考試這個緊箍咒，求學就是自己想要什麼就去拿，自己想讀什麼就去試，是一件令人愉悅的美事。我把旅遊經歷、感想見聞，和上課遇到的趣事都告訴了你。

對我們來說，雅典和洛杉磯根本是零時差，每天晚上你都跟我視訊，我跟你聊美國初體驗，你跟我分析最近看的電影，我們總是無所不談，時間總是不夠用。我們透過視訊交談了兩個月，在我即將返回台北上大學前，你興奮地告訴我：「我決定到台灣見妳！」

7 淡淡的幸福

力恩，遇見你之後，我漸漸拋棄自己的獨木舟，和你一起搭上時光機，遨遊多元文化的思想，並以擴大的視野來看待這一切。謝謝你爲我注入了愛與勇氣的元素，使我每一天的生活，在苦澀之中也能品嘗到幸福的滋味。

二〇一五年八月，在機場第一次見面擁抱之後，我帶你回高雄的家和父母見面。在我們家門口，你看到代表「在基督裡」（ΕΝ ΧΡΙΣΤΩ）的圖騰時面露驚訝；因爲這是希臘文字母所構成的表號，你沒有料到會在遙遠的國度看見這麼熟悉的家鄉文字。其實那是我們召會使用的logo，從我懂事開始，就發現每次搬家後，我們家的門上都會貼上這樣的標誌。

召會使用的 logo

你還記得嗎？我爸跟你說的第一句話是：「I think you are handsome.」（你好帥。）

靦腆的你也只是微笑並小聲地說：「Thank you.」（謝謝。）

然後爸爸又問你：「How old are you?」（你多大啦？）

「Almost twenty.」你答。（快滿二十歲了。）

時間停格三秒，大家僵在那裡，幸好我媽化解這尷尬的場面。她說：「Welcome! We have prepared a room for you. Please come with me and put your luggage inside, and then take a rest. Please just make yourself at home.」（歡迎之至！我們爲你準備了一個房間，請把行李拉進來跟我來。休息一會兒，把這裡當成自己的家。）

沒想到我老媽的英文還可以連珠炮似的，你順從地把行李拉進房間，我們大家都鬆了一口氣。

當時我爸媽因爲工作調動，準備要從高雄遷居花蓮，我則準備上台北讀大學。你預計停留十一天，我們兩人決定先去環島旅行，然後在花蓮和家人會合。

出發前老媽再三告誡：「要保守聖別，嚴守男女該有的分寸。」

我回：「老媽妳又多慮了，力恩離家前他父母已經教導過了。」

力恩你說過，行前你爸爸告誡：「到了亞洲，若是逾越分寸，就回不了家，亞洲人跟西方人的觀念大不相同。」聽你這麼說我莞爾一笑。其實我們不逾矩是跟信仰有關；而且我絕對信任你，知道你不是個隨便的男生。

我們旅行的足跡遍及全島，還去了平溪放天燈。旅程第三天，在台南浪漫的月光下，當時涼風習習，樹影斑駁，不遠處的池邊偶爾傳來聲聲蛙鳴，我們並肩坐在公園寧靜的月色中，享受這難得的靜謐。彷彿早已策劃很久，你拿出一條手鍊和金色腳鍊，親手爲我戴上並充滿感性地說：「希望我們一直走下去，直到世界的盡頭。」此情此景，言語顯得多麼累贅。

我獻上了初吻，這個吻如此的溫暖、震撼，我們兩人竟都感動得落淚。羞赧且喜悅的我說：「這是我的初吻。」

同樣充滿感動的你回我：「這也是我眞正的初吻，以前雖然也曾試著吻其他的女孩，但都沒有感覺，我第一次感受到愛情的震撼與幸福。」接著我們享受沈默時光，聽著彼此的心跳，感受這甜美永恆的一刻。

我們到花蓮後，全家一起陪著你到太魯閣，爸媽興致高昂地一路介紹花蓮美景，但你顯然對風景沒有興趣。你的視線不肯離開我，似乎陶醉在愛情的香醇之中，連媽媽也不禁讚嘆，說「力恩是眞心喜歡菲比」。於是她像是故意似的說：「菲比的心被藍色海洋上那艘小船給奪走了。」我在你上揚的嘴角看到一抹勝利的微笑。

然而媽媽心裡仍有隱憂，她擔心你的父母能否接納我？

「你的父母知道菲比的情形嗎？」

「他們當然知道，否則他們不會讓我來這裡。」

「你的父母對菲比的情形有說什麼嗎？」

「他們都喜歡菲比，只是會擔心她的健康。」

「我相信神已經醫治了菲比。」

「我也相信。」

你回希臘那天，我們在機場淚眼婆娑，難分難捨，後來的每一次離別也都是這樣。因爲在機場一別就是千山萬水，相隔萬里總恨相見難。在你提議下我們每晚都開著

Skype，讓彼此可以看到對方。

你對我說：「在螢幕上看著妳平安入睡，我好心安，好快樂。」

力恩，爲了紀念你給我帶來的幸福，我寫了一首歌詞，名爲：淡淡的幸福。

淡淡的幸福　詞：柯菲比

生命旅程艱辛舉步　卻能體會奇妙之處
這條路有高山低谷　恩典重重無法盡數
感謝你陪我一幕幕回顧　改變了故事如何被告訴
如果我在前方還有旅途　會用盡全力享受吸和呼
每一天晨曦日暮　雲朵的分布
每一口咖啡茶湯　酸甜抑或苦
每一陣涼風吹拂　溫柔的碰觸
每一次緊緊擁抱　你背的溫度
每一回嘴角上揚　淡淡的幸福

8 難忘的希臘假期

在崩潰的期末考週結束後，終於揭開暑假的序幕。在升上大二之前，我要好好把握難得的假期。這次我的膽子更大了，不但要探索南歐人的世界，還要在希臘人家裡待兩個月。

我那愛瞎操心的老媽，無論說什麼都要當跟屁蟲，還找了小阿姨作陪，真拿她沒辦法。二〇一六年六月二十九日，我和媽媽及小阿姨，也就是媽媽的小妹，我們飛到了雅典。

從桃園往雅典的旅行雖然興奮，可在經過漫長的香港、杜哈轉機之後，我的眼皮沈重、頭髮亂翹、彎腰駝背。雙腿踏進入境大門那一刻，在兩排眾多接機的期待眼神中，我又自然地被那雙有磁力的雙瞳盯住了。

一位希臘眞人向我揮手。沒有屛幕的阻礙、沒有視窗在頭上，你伸出雙臂把我吸了過去，我發誓那絕對是神奇的磁力，因長途飛行而酸痛的膝蓋竟然還能神速運轉，帶我投進了你的胸膛之中。你用最緊的力道抱住我，此時我聽不太到周圍的聲音，彷彿有股旋風被我的速度帶進了三臂環抱所圍成的圈之中。

「My girl！」我的女孩，一抹溫柔的聲音隨著男人穩重的，淡淡的香味從你身軀中輕輕振動出來，我的世界在旋轉，可能是暈機的後遺症。

「妳好嗎？飛行還愉快嗎？」你用眞人嗓音喚醒我。沒有視訊的雜音，沒有帶耳機的感覺。我從你的胸膛中抬起，仰頭正視你，點了點頭說：「我要跟你回家了。」

當你輕拍我臀部用中文說「屁股」的時候，我對於你知道屁股的中文感到喜悅，於是從那時候開始我又多了一個稱號：可愛屁股女孩。我私底下叫你希臘兔牙男孩，只是你一臉狐疑，我竊笑不多做解釋。

我找到了世界上唯一不在意胸部平坦，又將大屁股視爲可愛的男人。這個男人從不看我身體的缺點，反而把我的殘缺當成優點，還讚揚它的可愛之處，難怪旁人看見我們總說眞愛的力量眞偉大。

一出機場，你接手我所有的行李，領我到了一位金髮戴太陽眼鏡的辣媽面前：「這是馬利亞，我的媽媽。」終於見到你的家人了。

你和我說，你的媽媽馬利亞，畢業於希臘頂尖的雅典大學，是個美麗的才女。除了希臘母語，她會說英語、德語、法語，在大學時主修法國文學，對法語尤其精通。你說馬利亞爲了愛情放棄研究所的學業，她和你的爸爸約翰愛情長跑了八年呢！嗯，我想你的浪漫應是遺傳自馬利亞。

你也說到你的爸爸約翰，是國家研究室的獸醫。起初我覺得奇怪，爲什麼你家裡沒有養寵物？原來約翰叔叔不是臨床獸醫，而是實驗室裡研究疫苗及生物科技方面的獸醫。在照片裡年輕的約翰比你還帥，不過現在已經顯出中年大叔的體態和後退微禿的髮際線。約翰叔叔小時候是在加拿大成長的，成年後他從加拿大返回希臘，就再也不想離開祖國希臘。

我本來擔心約翰叔叔不喜歡我，但是他很親切與我們聊天，還接送我們到碼頭坐船。只是我不明白，爲什麼你在家裡總是不愛說話？

我還記得你爸爸跟我媽的對話。

「力恩是一個任性的男孩，他想要什麼就一定要得到。」

「我很欣賞力恩這種不屈不撓的個性，『當你眞心渴望某樣東西時，整個宇宙都會聯合起來幫助你完成』。所以我們要支持力恩的夢想。」

「力恩學的是資訊工程，這門學科畢業後很容易學有所用，可他偏偏要走電影路線，那是一條崎嶇的山路。」

「每個人都有自己的夢想，這夢想若從小到大都堅持不變，就表示這個就是他來到地球，神所賦與他的使命，相信神會爲他開路。」

「等著瞧?!」（We will see.）

約翰叔叔的意思是什麼呢?是他不相信你可以夢想成眞嗎?我相信他也是期待你的夢想成眞吧！

那頓豐盛的晚餐，你最愛的外婆也參與了。不多話的外婆，有著虔誠的希臘東正教信仰（起源於近東的早期基督教以及拜占庭帝國），言談舉止散發著高貴優雅的氣質。剛開始外婆還擔心我爸的召會不是正統的基督徒教會，和媽媽見過面以後，顯然她放下了疑慮。你說，你親愛的外公在你小時候過世了，外公過世後，你就陪伴著外婆，安慰她的孤獨，而外婆也陪著你長大，因此你跟外婆的感情比父母還親。果然，我和你去外婆家小住幾天後，發現外婆把你的生活瑣事照顧得井然有序，小至牙膏、牙刷，大至被單、書桌，都一塵不染，井井有條。

我們到許多小島觀光，到伯羅奔尼薩、克里特島，還到最美的聖托里尼看伊亞夕照，據說這是全世界最美的夕照。

我們也和許多親友見了面，有你的牙醫師舅舅、美麗的舅媽，還有祖父母等。我們和你的家人一同旅行，一同騎馬，一起上山下海，造訪博物館和紀念碑，並且一同赴教會聚會。你的媽媽馬利亞還帶我們去看了好多被救援、正在療傷的大海龜。這些海龜有些因為吃進塑膠或廢棄物而生病、有些因被繩子纏繞而受傷。有許多愛心志工輪流照料牠們，等康復再讓牠們回歸大海。我們在捐獻箱悄悄投進了一些歐元，以表示對生命的尊重。

之後媽媽和阿姨離開希臘，到義大利、奧地利和德國去自由旅行。她們本來希望我同行，但我哪裡都不想去，只想和你一起待在希臘。

這是真正屬於我們兩人難忘的甜蜜時光！我們在萬里無雲下繞著帕德嫩神殿散步，在樹下談心。你喜歡看電影寫影評，總是有獨特的見解並帶我進入更深奧的分析事理。跟我談蘇格拉底、柏拉圖和亞里斯多德的哲學，帶我跳脫已往思考受限的框架，

我還記得我們當時所討論的部分內容。

「懷疑論就是要帶來一種具有治療性質的反叛，凡事不盲從，這是邊沁（Jeremy Bentham，英國哲學家）教我的。」你說。

「我以往接受的教導是要凡事順服，像小綿羊順從牧人一般，只要跟從父母的引領就不會錯。」

「蘇格拉底說，社會與個人最大的危險，就是放棄批判性思考。」

「我們是隨著既有的制度完成學業，然後謀職、結婚生子，大家都朝著同樣的方向前進，我從來就不覺得有什麼不對呀？」

「妳要思考自己的人生該怎麼過？我的人生我自己選擇。妳是一個獨立完整的人，不要被制式化的體制綁架了。」

諸如此類的對話與相處，你的思想論點不斷地，一點一滴滲入我的認知，推翻我原有的架構，根深蒂固的觀念一點一滴的被拆毀，然後重組重建，這過程其實對我造成不小的衝突，只是我自己並未察覺。

但最先發現轉變的是我媽，媽媽說我不再是那個凡事順從的小菲比。她才驚覺存在我們之間的文化差異是何等的大，但其實，我和你的相處並沒有發現什麼違和之感，這到底是怎麼回事呢？

當時的我們沈浸在希臘哲學的浩瀚廣博，我喜歡想像著：腳掌踩下的每一步曾經被許多古希臘智者使徒踏過。我們到博物館，我看到了課本上的阿伽門農的面具，很多麥席尼文明的物品，還有黑陶紅陶瓷器，宙斯赫克利斯的雕像等等，最酷的是安提基特拉機械（antikythera mechanism）。

我們拍了好多旅遊希臘的照片，歡樂時光總是稍縱即逝，兩個月的暑假很快就過去。九月份學校要開學了，我不得不回台北上課，而你要去英國倫敦半年當交換學生。

遠距相戀，有人形容是八千里路雲和月，豈止是八千公里，一別就是九千公里！但我們的心卻是那麼近，近到彈指之間。來希臘之前，我們在電腦螢幕遙望著彼此，你說恨不得打破螢幕，跳進螢幕裡緊緊擁抱我。

9 陪伴是最深情的告白

開學前我從雅典回到台北，你從雅典飛到了英國倫敦。

到倫敦讀書的你，因課業繁重，沒有太多時間與我聊天，使我越發感覺孤單。相思苦伴隨幻肢痛令我夜不成眠。古代牛郎織女每年七夕才得相見，現在都什麼時代了，我的愛情還必須忍受這古老的詛咒？相思是無理取鬧的怪獸，無端扭扯我的心弦，隨時隨地發出聒噪的弦音，聲聲喚著：「力恩、力恩，我的希臘男孩，我好想你！」

「想你、想你」，我的心總停留在你的溫柔言談和每一個舉止動作，無人能取代，我用各種理由說服自己，希望品嘗獨處的快樂，無奈相思苦斷腸。我再也無力維繫這段感情，爲了擺脫這虐心的相思，我決定斬斷這根魔音穿腦的情弦，百般無奈中我向你提出了分手的想法。你不肯，說想再試試看，並且透露說要給我一個驚喜。

二〇一七年二月一日，你完成倫敦的課程回到希臘，第二天就買了機票飛台灣。雖然我隱約知道你計畫要來台灣，但並不知道確定的日期；你到了台北車站才打電話給我，我立即去接你，這是你第二次爲我來到台北，我們相處了一個月。

在這一個月裡，你給我一輩子的美麗回憶，我很確定屬於我們的愛情故事會繼續發展下去。我上課時你到學校圖書館看書，放寒假時我們去了台東、高雄。在台東我們看到了彷彿是向希臘搶奪藍白顏色的晴空萬里。我們珍惜相處的每一天，以爲我們是最幸運的戀人，卻絲毫沒有察覺，造物主將要加諸於我們的，是更大的考驗。

你返家兩週以後，我覺得右肩疼痛，去看了醫生，結果是最不願接受的噩耗：骨癌又復發了。

四月初我再次接受了手術，這次手術切掉一段神經，我每天痛入骨髓，痛徹心扉，眞的沒法形容的痛不欲生。那時遠在希臘的你，頻頻在網路上捎來關心，屢次想再度過來陪我。

術後我的恢復還算順利，但是到了五月初，我的右胸開始不舒服，會腫漲、疼痛，在等待化療時，你在手機上跟我聯絡。

「我的女孩，你還好嗎？」

「我身上有腫瘤。」

「醫生已經動手術拿掉了，妳身上沒有腫瘤。」

「眞的有！」

「我快瘋了，如果眞的有，我要立刻飛過去陪妳。」

當時媽媽在我床邊，我給她看手機裡我們的對話。說時遲那時快，我右胸上的腫塊突然以驚人的速度腫脹起來，媽媽親眼目睹嚇了一跳！

本來前兩天你媽媽問：「要不要力恩去陪菲比？」媽媽想說你才回家不久，怕耽誤你的學業，就跟馬利亞阿姨說不要你來；但媽媽發現情形不對，就告訴你們說：「菲比實在太想念力恩。」我是眞的渴望見到你。知女莫若母，她判斷我是心理影響身體，於是立刻聯絡你們，訴說情況危急而且詭異。

在台北病床上的我，有如風中殘燭，生命的火焰隨時可能熄滅。而遠在地球彼端的你，急如熱鍋上的螞蟻，恨不得插翅飛來救我。

於是你立刻買了單程機票，就算是飛到海洋的另一邊，悶在醫院裡無盡的等待，你也要這麼做。醫生說腫瘤受到控制了，但仍然需要繼續治療，你爲了給我最大的支持，就一直留在我身邊。你陪我作了四次化療和三十四次放療，有了你的陪伴，我的病情眞的天天有改善。

你不但來陪我，還要看到我狀況好了才要回去，你爲了陪我治療，耽誤了學校畢業考，我和媽媽都覺得內疚，在我情況稍好時，我們勸你先回去完成學業。

你是如此堅持的男孩，說不回去就是不回去。即使你的父母三番兩次打電話催你，也是徒勞無功。在我人生最低潮時，你放下手邊工作、課業，陪著我一起對抗病魔，我打從心裡佩服你的堅定。

記得我跟你提分手那天，我難過得哭到快無法呼吸了，卻仍很堅決。我說：「你是年輕又自由的男孩，這樣走下去太辛苦了！」但你還是不願離開我。

你陪我從混亂的喊叫，從我哭著說不管怎麼努力追著夢想，最後還是這樣無法痊癒，到可以平靜地聽著彼此的心跳聲。

我常常夢到，各科參考書還空白的，夢到我翻著書想著要把它們全部讀完，要不是你，我醒來時就像噩夢上演一樣痛苦。你陪我去經歷一段畢業後又反覆重修的旅程。

我們還年輕，每句「我愛你」都是這麼簡單，卻也是那麼的不容易。你把我從受害者的角色拖出來，你摘下我的面具，讓我閉上雙眼去聽世界的美麗。你讓我觸碰到愛，它不需條件、理由、計畫、規定，它就是讓一切變得美好的，來自天上的禮物。兩個多月以來，我的狀況從危險到穩定，我很珍惜這段不容易的日子。

力恩，謝謝你給我的溫柔陪伴。你進病房前會記得用酒精消毒雙手，進房門後的第一件事，是張開雙臂給我一個擁抱。我們擁抱時，我總是安靜地感受那一片刻。我需要無線滑鼠，你買到了，我伸出手迫不及待要看新滑鼠，但你伸出另一隻手握住了我的手，感覺溫暖厚實。然後你才開始幫我拆滑鼠。還另外買了個超Q的紫色筆袋給我，有你的陪伴每天都很開心。

吃草莓捲時，你會先開一根給我吃，然後才打開另一根給自己。吃布丁時，我搶先打開了，你見狀說：「等一下嘛。我會幫妳呀。」不用解釋太多，你也知道其實我不喜歡這樣開食物，無奈包裝害一隻手的我不得不失優雅的總是用嘴撕開。

我想喝香蕉牛奶，一定要去冰半糖，提著飲料回來的你，第一件事是擁抱我，摸摸我禿得一塊塊的頭問我感覺好點了沒。不管什麼時候，愛都是最先的。

關於愛，每一天我從你身上學了太多，希望能抓住更多換我付出的機會。你幫忙拾起我一撮撮的落髮，你輕輕親吻我額頭，瞇瞇眼笑著，說我是你的漂亮女孩。不管哪一天，你都這樣說。就連我正視鏡子前需要吸口氣的日子時，你也照樣如此告訴我。

你晚上要離開醫院前，會說「掰掰」好幾次，關上門後又悄悄露出一個門縫，用唇語說話。再如此開關一兩次，直到我說：「好啦，掰掰！別玩了。」我們才結束這個依依不捨的小遊戲。

生病以來快七年了，難免有過幻想或是奢求著，有個男人能讓我無止盡的撒嬌都不覺得煩，有個男人是「基督徒」但不是宗教徒，有著內在實際的信仰，但不會墨守成規，有個男人愛著身體如此被摧殘的我，甚至覺得我是最美麗的。於是你就出現了，如此地窮追不捨。

感謝你的溫柔陪伴，我的情況比較穩定了。二〇一七年七月二十日，你不得不回到希臘去完成學業，在桃園機場離開前的擁抱。

「妳會沒事的對吧？」你說。

我比上次的道別更肯定地說：「會的。接下來我會更勇敢，把身體養好回學校上課。」

我眞的是最幸福的女孩了吧，因爲遇到了一個比我還勇敢的男孩。

回到希臘的你，必須應付不少課業以期順利畢業，因而沒有天天與我連絡，我的心理狀態開始變差，時常覺得孤單，而你也發現了。於是你試著恢復每天陪我聊天，盡全力給我正面的能量。

「要對自己有信心，我們要一起創造未來。」

「好想再次與你漫步在雅典，倘佯在愛琴海邊的沙灘上。」

爲了要鼓勵我，給我盼望，你協助我訂了單程機票，預計二〇一八年寒假開始的一月二十日飛到希臘，你會帶我到柏林看影展，我們要一起規劃未來！

我對生活重新充滿期待，我期待再次與你一起編織未來美好的夢想。

10

有愛無礙

「你們溝通不會有障礙嗎？」有人這樣問我。

的確，我們兩人的母語都不是英文，所以我們只好慢慢說，像兩隻樹懶那麼慢。認識我的人都知道我講中文也很慢，其實我倒覺得跟台灣朋友講英文壓力比較大，可能是怕被嫌腔調不夠純正或不流利。我知道你是個理性的人，這讓我從來沒有藉口因爲身體障礙要你讓著我，凡事都要照著邏輯思考。

每段關係都有不同的障礙。

我以前的思維裡，我們在一起會有很多障礙：語言、距離、我的身體狀況、學業、教會不同等。但在你的思維裡，一切都不是障礙。是啊，有時候我想得太複雜、太多愁善感了！

不知不覺認識也快三年了，縱然有千千萬萬個理由可以放棄彼此，但只要還有一句：「我想你！」其他的就沒那麼嚴重了。

我們還是彼此的玫瑰，爲短暫熾熱的青春緊握著。

我們的個性是天差地別：

你第一次來台灣，就在臉書設定了和我穩定交往的宣示，我礙於召會的家風，必須對戀情祕而不宣。你對這點雖不認同，但也尊重我的苦衷。

你從來不在網路發表個人感想，頂多放個電影海報之類的。我時常在臉書更新生活動態，藉此與網友互動。你享受靜謐的氛圍，我喜歡熱鬧的環境。

你只想躲起來過自己的日子，我卻喜歡和衆人分享生命。你總是一副「船到橋頭自然直」的行事風格，而我的生活態度是「凡事要未雨綢繆」。

你喜歡像古希臘哲學家一樣，帶著批判精神看待這個多元的社會，我只想單單純純遵循聖經原初的教導。

你認爲婚姻莊嚴神聖，是必須準備完全才能進入的聖地，我卻總覺得人生無常，自己可能活不到那時候。

儘管我們是這麼不同，然而當你問起「為什麼？」的時候，沒一個理由能說服得了你；照著你的邏輯，我們的問題還沒有一個會走向無解。

我們的溝通到底有沒有障礙？我想說：「彼此相愛是我們共同的語言，也是我們共同活著的盼望。」

A letter To Our darling Phoebe

■ Maria (Spiros'Mom)

Our darling Phoebe came unexpectedly in our lives and brightened our past, our present and our future.

You were strong like a diamond and fragile like a rare flower.

Your personality reflected your religion, your culture and the principles you acquired by your family and your country.

So happy and modest, so polite, gentle and witty you were curious to try every new experience.

You achieved within your short life as many things as the majority of us would need decades.

I considered Phoebe as my third child.

My daughter found in her the sister she always wished for.

I met a girl who was willing to explore everything around her.

During your Greek summer we swam in the sea, we played in the water, we climbed rough mountains, we rode horses, we travelled, visited museums, churches and monuments.

Phoebe discussed with adults and teenagers revealing your determination, your happiness and your joy for life through your humour.

My darling Phoebe ,you excelled all the virtues the Lord offered you.

I can't imagine that you knew deeply in your heart that you would leave us so early.

My beautiful girl, your heart radiated beyond the borders of our world.

Your divine soul will always shine our existence.

My darling girl every single day of my life.

I will miss you!

給親愛的菲比

■馬利亞（力恩媽媽）／翻譯：張瓊午（菲比媽媽）

親愛的菲比，妳不期然地出現在我們生命中，照亮了我們的過去、現在和未來，妳堅強如鑽石，芬芳如稀世珍花。

妳的個人特質反映了妳從國家、從家庭所獲得的信仰文化和原則，是如此喜樂、謙恭有禮、溫雅且有智慧。

妳總是帶著好奇經歷一切新奇的事物，妳在極短的時間成就了大多數人在一生中幾十年才能成就的事。

我把妳視為我第三個孩子，我的女兒在妳身上實現了她一直想有個姐姐的願望。我遇見了妳這樣一位隨時準備探索周遭事物的女孩。

在妳造訪希臘的暑假，我們在海中游泳、在水中玩耍，我們攀登崎嶇山岡，一同騎馬、一同旅行。我們造訪博物館和紀念碑，並一同赴教會聚會。

無論是和成年人或青少年對談，妳都以幽默反映出對生活充滿決心、快樂和歡樂。

親愛的菲比，神給妳各樣超越的美德。我無法察覺在妳心深處竟早已知道自己會離開我們。

我美麗的女孩，妳心所發的光芒超越這世界的極限；妳聖潔的靈魂也將一直照耀我們的存在。

我的甜心女孩，在我生命中的每一天，我將一直思念著妳。

二部曲 | Episode II

親情之歌——飲水思源

神為愛祂的人所預備的，是眼睛未曾看見，
耳朵未曾聽見，人心也未曾想過的。
——哥林多前書二章8-9節

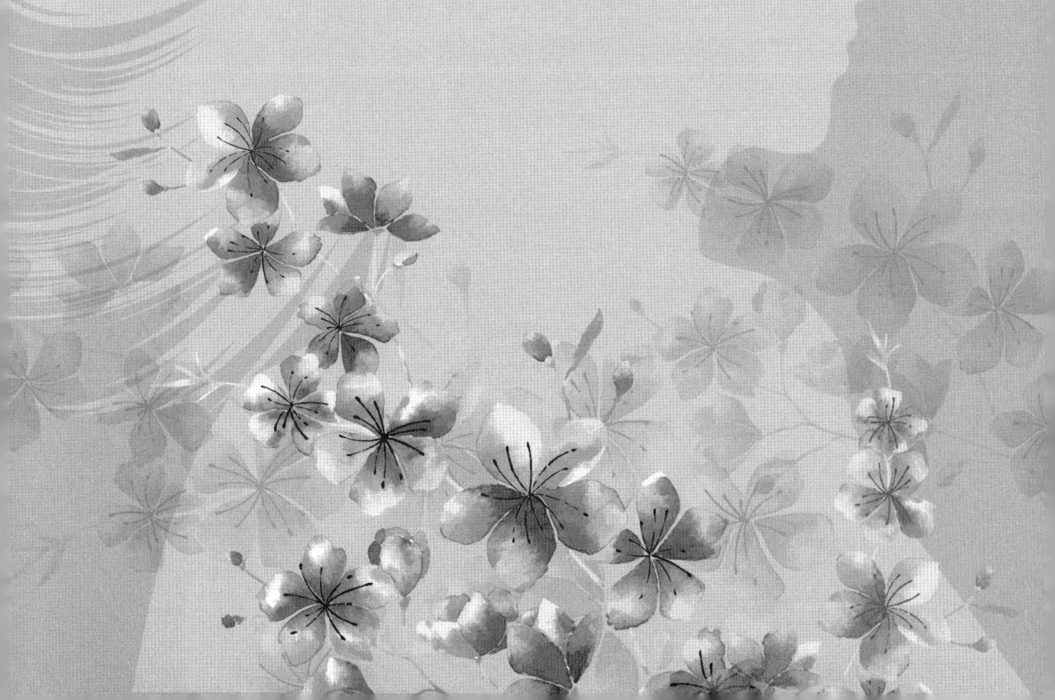

我們三兄妹和阿公

我和追夢的媽媽

我和保母 Yaya

被砍了，還要再長的生命樹

七歲時，在我牙齒都還沒長齊、完全不知道未來會發生什麼事的時候，就曾在日記上寫著：「挫折時，要像大樹一樣，被砍了，還是能再長；也要像雜草一樣，雖讓人踐踏，但還能勇敢地活下去。」那時聽了阿公年輕時的故事，沒想到，這句話成了我一生的寫照。

其實，從阿公、阿嬤、爸爸到我，都是被砍伐過，又勇敢活下來的大樹。

阿公阿嬤出生於彰化伸港的小農村。阿公在過去辛苦的日子總是忍氣吞聲，不被看好，但默默耕耘的成果是，他得到農會表揚模範農民的殊榮。阿公的毅力一直是我的榜樣。我喜歡聽阿公講故事，將那份堅毅的精神放在心中。

阿公六歲失恃，新媽媽來以後，生了三個孩子。小時候的阿公曾在臀部長個爛瘡，

深爛到骨頭裡，他能活下來是個奇蹟。我爸曾說，當阿公訓誨兒女時，每每拉著兒女們的手，叫他們用指頭探入深凹陷到骨頭裡的瘡痕。一介農夫的阿公，造就出三個國立大學畢業的兒女，證明他是一個韌性很強的人。

阿嬤從小是養女，長大後由養父母做主嫁給了家徒四壁的阿公。聽說他們結婚時，阿公手上向人借的手錶還因錶鏈斷裂，掉在地上。

阿公和阿嬤婚前互不相識，婚後胼手胝足，白手起家。阿公在村裡讀完小學，和沒有受過教育的阿嬤，兩人有個共識，就是希望兒女藉由好的教育脫離貧窮，所以當我爸這個長子國小畢業時，他們就不計代價，用血汗錢把他送到全縣最昂貴的私立中學就讀。也因此爸爸不期然地，當了作家九把刀的老學長。

爸爸力爭上游，不負眾望考上了台北醫學院牙醫系，村裡的人準備要為他放鞭炮慶祝，不幸卻在開學當天被學校檢查出紅綠色盲。在沒有任何補救措施下，爸爸被拒絕入學。

這對農村來的父子黯然步出校園，兩人垂頭喪氣如同鬥敗的公雞。據爸爸回憶，他步出北醫校園時，眼角飄望到學長在打排球，羨慕之情油然而生。他心想：「我不是應當也在他們中間嗎？奈何……。」

爸爸無法從醫這件事，也成了阿公心中永遠的痛。

就在他們快要步出北醫校門口，當時也不知從哪裡來的勇氣，爸爸竟脫口而出：「我從丙組轉甲組！」這爲他開啟了人生的轉機。於是又花了阿公大把的銀子在台北補習，在考試的監牢中苦蹲了一年，順利考取清華大學。

畢業後爸爸順理成章進入新竹科學園區，在當選十大傑出青年的學長所管理的公司，擔任工程師，稍稍安慰了兩位老人家。不料年輕的爸爸，上班才幾個月，就爲了信仰辭掉工作，去參加基督召會全職服事訓練。完訓後他自願接受差派，到窮鄉僻壤的菲律賓南部傳揚神的福音，而這也成了兩老至今難以釋懷的心結。但有著虔誠信仰的爸爸，始終相信他的犧牲奉獻會讓他的雙親得到神的賞賜。

我出生前半年，爸爸先赴菲南熟悉環境。媽媽懷著我，挺個肚子帶著五歲的姊姊，和四歲的哥哥，每天看著月曆，數著爸爸的歸期，常感孤單無助。媽媽難過的時候，腹中的我就踢踢她的肚子，提醒她要保持愉快的心情，才會生出快樂的寶寶；她頗能與我靈犀相通，稍微克制她的情緒。

在我出生前兩週，爸爸趕回台灣。我是在台北榮總出生的，媽媽常提起，我出生時護士阿姨們都說：「眞是個可愛的寶寶！」眞不知媽媽爲什麼會那麼高興？護士阿姨不是都會稱讚每位媽媽的寶寶可愛嗎？

爸媽參考《聖經》中的〈羅馬書〉給我取名菲比（Phoebe），當中的菲比是教會的女執事，她護助過許多人，也護助過使徒保羅。Phoebe 所代表的含意是純潔、明亮、發光的；我很喜歡我的名字，好記好寫，也好唸。

當我滿兩個月大時，爸爸需回菲律賓服事。不過這次他不是一個人，而是帶著全家五個人一起去。出發前晚，很不巧我發高燒整夜大哭。當時媽媽擔心我的身體狀況，她說：「孩子的爸，我們別去了吧！神不要我們離開台北。」但我爸心志堅定，他說：「我們需要多禱告。」於是他們邊禱告，邊打包行李。

晨曦漸露，說也奇妙，我退燒了，而且沉沉地睡著。天亮時，全家五人出發前往機場。行李由爸爸負責，三個孩子由媽媽照顧。

四歲的哥哥當時還是個頑皮的小孩，爲了不讓他脫隊，媽媽在他手上繫條繩子，繩子另一端則綁在她自己身上。六歲的姊姊比較懂事，緊緊跟著媽媽，雖然東張西望，卻也安分不敢亂跑。而我則依偎在媽媽胸膛，雖是飛機上最小的乘客，卻不吵不鬧，轉機途中我一路上睡得香甜，順利抵達目的地菲南；還意外獲得機上贈送的圍兜及奶嘴。

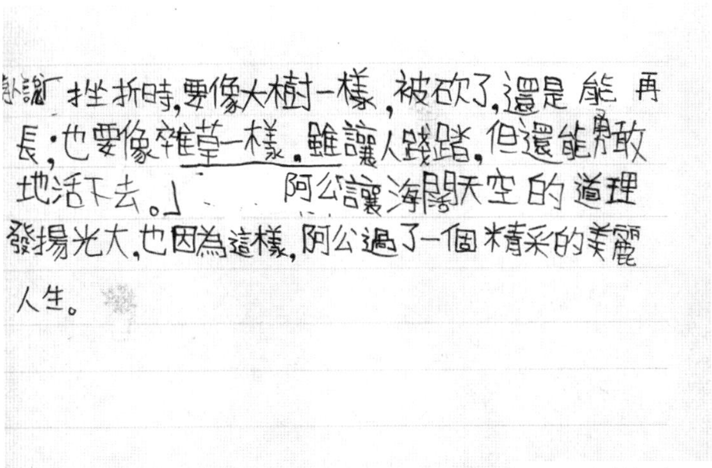
訓「挫折時，要像大樹一樣，被砍了，還是能再長；也要像雜草一樣，雖讓人踐踏，但還能勇敢地活下去。」阿公讓海闊天空的道理發揚光大，也因為這樣，阿公過了一個精采的美麗人生。

我七歲時的日記

2 叛軍、鴨子、與白鼠的菲南歲月

我們定居在菲律賓南島的伊里岸 Iligan City。當地有一所華僑建立的迷你中小學。這所學校麻雀雖小五臟俱全，從幼稚園幼幼班到中學四年級，每個年級都有一個班。

媽媽迫不及待地幫哥哥姊姊辦了入學。校長說已經到了學期中，於是把姊姊安插在幼稚園大班，哥哥則安排在中班。

每天早上，學校有兩節中文課，其他課程都是用英文或菲語上課。有趣的是，當地的中文老師竟然是用閩南話教學，姊姊和哥哥上課好辛苦，不僅英文和菲語聽不懂，就連最熟悉的中文課也是鴨子聽雷，因爲閩南語他們完全不懂。

媽媽請了一位保姆照顧我，她和我爸一人陪我姊，另一人陪我哥，一起坐在教室後旁聽，幫忙作筆記，回家再講解給他們聽。兩週後爸爸要忙工作，姊姊也逐漸融入環

境，就由媽媽繼續陪著哥哥上課，又過了一個月才放手。老師說我哥上課經常發呆，後來哥哥告訴我們，當時常感覺自己好像不存在，不知道神遊到哪去了。

爲了貼補家用，媽媽也受雇在學校教中文，並負責接送哥哥姐姐上下學。剛開始不曉得小巴公車可以隨招隨停，只好硬著頭皮走路。天氣炎熱，走得汗流浹背。哥哥和姊姊累得像一隻小狗，吐著舌頭喘著氣，只是沒有尾巴可以搖。

後來媽媽學會和當地人一樣坐公車，才解除了窘況。所謂的公車是私人營業、沒有門窗的一種敞開式小巴士。我爸說，這些車是二次世界大戰的美國軍車，經淘汰後改造。它的副作用是造成嚴重的空氣污染，讓人呼吸困難。

根據媽媽的描述，二十年前的菲律賓南島就像是五十年前的台灣，甚至更落後。那裡的馬路沒有鋪柏油，車子經過就塵土飛揚。許多車子因天熱拆下玻璃窗，所以搭車者用手帕摀著鼻子或用毛巾紮在頭上，免得灰頭土臉。

菲南鄉下的房子是用竹條或椰子木頭搭建的，屋頂材料則是椰子葉或茅草。房子離地面大約一百多公分，全家人擠在十坪左右的空間，狗兒和雞群在房子下面隨意走動。

豬隻則綁在屋旁的樹幹上，偶而可見一頭母豬橫躺地上，十數隻小豬搶吸母奶互不相讓。洗好的衣服晾曬在房子外、椰子樹和香蕉樹間綁的一條繩子上，衣服在豔陽微風中飄盪。

當地鄉民樂觀知足，早上吃香蕉，喜樂；下午吃香蕉，也還喜樂。找不到打工機會，偶而獲得一份工作，因論天數計酬，一天就能完成的工作，花個三天慢慢來也不爲過。常見維修馬路工人，剷下一瓢土，就停下來擦個汗，深呼吸一下，等了好久才會再剷下另一瓢土。在那裡大家生活水平差不多，香蕉、地瓜、樹薯，和椰子，隨時拿來可以填飽肚子，沒有什麼好煩惱的。菲律賓人自詡爲天下最快樂的民族。

我們初到民答那峨島，先是借住在與會所相連，一戶愛主的華人聖徒家中。他們給我們一個大房間，全家五口吃住都在這個家中，其樂融融，眞是感謝他們的熱情接待。

Iligan 會所的二、三樓是聚會場地，聖徒們將二樓一部分隔間，改成接待我家住宿用。三個月後施工完成，我們搬進會所居住，住所客廳較大，邊角兼作廚房。臥房雖小，廁所卻有四間呢！我們笑說可以一人一間，不用排隊上廁所。不過廁所太多也是麻煩。有一天姊姊在廁所發現一隻肆虐的老鼠，她很敏捷，不但迅速用我已經喝完的奶粉空罐把老鼠圈住了，還得意地大叫：「快來看！我抓到老鼠了！」聽說那隻可憐的小鼠，後來被家裡那隻貓咪玩累了，就成了牠的美味大餐。

我家貓咪是自己跑來的，姊姊餵牠吃魚後，就賴著不走，還在媽媽的枕頭上大便，氣得媽媽差點要把牠轟出去。還好牠沒有再造次，也就順利住下來。

我們全家窩在同一間臥室，我哥和姊睡上下鋪，照顧我的 Yaya（讀音「雅牙」，是女佣人或保姆的菲語通稱）單獨睡一間，只有我可以享受睡在爸媽的中間。睡覺或休息時，我常常一隻腳跨放在爸爸的肚皮上，另外一隻腳跨放在媽媽的肚皮上，一隻手托著爸爸的下巴，另外一隻手托著媽媽的下巴，很滿足地把肚子向空中頂起，左右翻滾，甚是快樂。我盡情地享受我的特權，一點都不浪費。每次 Yaya 幫我洗香香，我會邀請爸媽鑑定一下，他們必須表現出香得快暈倒，我才會覺得滿意。

Iligan 的氣候四季如夏，生活很簡單。不需外套也不用厚棉被，家裡不用熱水器，當地人都洗冷水澡。他們的習慣是每天早晨洗澡，洗完才神清氣爽出門，而且都不需要吹頭髮，因爲很快就乾了。Yaya 的工資少得可憐，雇主提供吃住以外，只要付一千披索就夠了（不到台幣八百元），所以在經濟上稍好的人家裡，見到好幾個 Yaya 並不稀奇。

有一次我們去一位華人阿姨家，她生了五位小孩，家裡就請了五位 Yaya 呢！一人對付一位，好不熱鬧，他們的小孩都是我的好朋友。Yaya 陪著孩子上學，小主人上課時，Yaya 們在外面樹下聊天，下課鐘響後，自動進教室幫小主人搧涼、擦汗，或倒水、拿點心給小主人吃喝。

我家臥房隔一道牆就是爸爸工作的場所，也是菲律賓的福音書房所在。那裡有兩台印刷機器日夜不停運作，印製英文及翻譯成當地語言的屬靈書報、晨興聖言及各種聚會材料。有時爲了趕工出貨，爸爸在工人回家後，仍然一個人繼續忙到深夜。

聽爸爸說，有一次深夜近十二點了，忽然沖天炮聲響起，不絕於耳。原來中國舊曆年到了，當地的華僑在慶祝過年，這才驚覺除夕就要過去了，而他也發現印刷機計數器上顯示印製量已達八百萬張，一眨眼就累積了可觀的印刷量。他曾說：「每一張印出來的單張都載運著主的豐盛生命，要供應近三百處菲南的召會。」

爸爸還說：「菲南的聖徒們都是我們主裡的骨肉之親。」這使他非常喜樂。

菲律賓南部治安不好，常有回教徒叛軍、新人民軍出沒，連商店都有警衛荷槍實彈護衛，一到天黑就打烊，七點不到都拉下了鐵門，因此菲北的人也不敢去菲南旅遊。爸爸經常和當地聖徒外出推廣屬靈書報、探望各地召會，每每出門數天或數週才回家。

媽媽常常帶著我們爲爸爸的平安禱告。有一次爸爸從旅行之地返家，因中間城市被叛軍攻占了，他只好延遲回家。還有一次爸爸開吉普車時，沒看清楚路邊故障的大卡車，差點撞到卡車底部。另一次，下坡兼轉彎，車子就在碎石子路上打滑、撞到山壁，造成他氣胸，眞是驚險萬分。

我是家人中菲語講得最溜的，每當聚會時我就在入口處點名。凡來到的聖徒，只要我能夠叫出名字的，他們就現出超級驚喜的誇張表情，好像中大獎一樣，所以我樂此不疲，經常在聚會前對著早到的聖徒唱名。就連媽媽也相當驚訝，爲什麼我會記得那麼多人的名字？因爲連她都覺得那些名字很難記。

小時候我的胃口不好，覺得吃飯是個苦差事。Yaya 餵我吃東西時我常抿著嘴不想吃，她無計可施，只好在稀飯裡加砂糖，才終於成功讓我吃下肚裡。我四歲回台北以後，到幼稚園上小班，也因爲吃飯太慢常常被老師責備。

媽媽在我三歲時，請人幫我做了制服，讓我跟著哥哥、姊姊一起去上學，我上的是幼幼班。那時Yaya留在家裡煮飯，下課時我自己到學校辦公室找媽媽。有一次下課，坐在我前面的同學用很尖的鉛筆刺我的臉，痛得我哇哇大哭。有人去辦公室通知我媽，那個同學的Yaya很害怕，一直跟我媽道歉。媽媽本來要找她家長說說話，我很擔心她的Yaya會被主人責罵，就跟媽媽說我不痛了，請她原諒同學，不要爲難Yaya，媽媽才沒有再追究。但是她對這事耿耿於懷，因爲被刺進去的鉛筆芯留在我的臉頰上，形成一個小黑點，媽媽心疼地說我是被同學破了相。直到回台北後，她帶我到醫院雷射除掉黑點，此事才圓滿落幕。

那時爸爸經常不在家，媽媽對當地不熟悉；我們的生活範圍幾乎只有學校和家裡。不過哥哥姊姊有他們自己的娛樂方式，童年並不寂寞。他們參加主日的兒童聚會，聽了很多聖經故事，學會唱很多詩歌，也認識了很多同伴。這些同伴常會跑來和我們玩，大家在會所玩捉迷藏，在三層樓的會所跑上跑下、追來追去，歡樂洋溢。

有一天，朋友送我們兩隻小鴨，我們養起了鴨子。其中一隻黃色的由哥哥照顧，另外一隻花色的則由姊姊負責。但是不久小黃鴨卻死翹翹，哥哥和姊姊放學回來驚見此景，兩人同時嚎淘大哭，哭聲震耳欲聾。他們眞的好傷心、好難過。

媽媽走過來安慰他們，並鼓勵他們把鴨子畫下來，將難過的感覺，記錄在日記本裡。

姊姊寫道：「我的鴨子死了，另外一隻鴨子，就沒有同伴了。」

哥哥寫道：「我的鴨子死了，牠不能再吃飯。」他畫了一隻鴨子四腳朝天，旁邊用英文寫 YELLOW，註明鴨子是黃色的，他還特別再寫下三個字「愛鴨子」。

小花鴨沒有同伴，就送給朋友的阿姨。阿姨回送兩隻小白鼠。每逢週末不必上學，姊姊會幫小白鼠洗澡，洗完放在會所的院子裡曬太陽。某天一隻小白鼠跑到冰箱下面躲起來。我們就把牠找出來，後來呢，兩隻都不見了。過了幾天，爸爸又買了四隻小鴨回來。我們好高興！哥哥姊姊又在日記本上畫了四隻鴨子。

上學的時候，我們最期待的是，每年聖誕節的到來。商店早早裝飾得喜氣洋洋，家家戶戶出動，採買要和親友交換的禮物。聖誕節當天是放假的，前一天在學校都不用上課。有同學裝扮成聖誕老公公，在班上發糖果。老師帶著我們唱歌跳舞、玩遊戲並交換禮物。

每個同學都在家裡先把禮物精美地包裝，再帶到學校交給老師。老師會在禮物上編寫號碼，讓大家輪流去抽禮物。交換禮物的時候，大家都好緊張，心臟撲通撲通跳，每個人都很期待能抽到自己喜歡的禮物。我們的潛規則是抽到禮物要當場拆開給大家看，與大家一起分享喜悅，這樣也可以讓我們各自知道準備的禮物到了誰的手中。

平常上課時，我們期待的小確幸，就是有同學過生日。家長們很重視孩子的生日，會在孩子生日當天煮義大利麵或買蛋糕，送給老師和全班同學吃。只要有同學過生日，當天老師會挪出一節課慶祝，爲壽星唱生日快樂歌，並讓同學們祝福他生日快樂，所以每個同學都期待自己生日的到來，可以在班上享受大家的關注。

大概不到半年的時間，我們已經非常融入當地的生活，但在全家於異地的第三年，也就是一九九九年九月二十一日那天，隔壁的李爺爺一大早跑來我們家，一進門就嚷著說：「不得了，今天凌晨台灣發生了前所未有的大地震！」

剛準備出門的爸媽立刻打開電視，轉到新聞台。在通訊環境不好的情況下，爸媽想盡辦法和台灣親人取得聯繫，確定親人的平安。那幾天，住在附近的華人都在討論地震的事。我們即使不在台灣，也在異地擔心著家鄉。

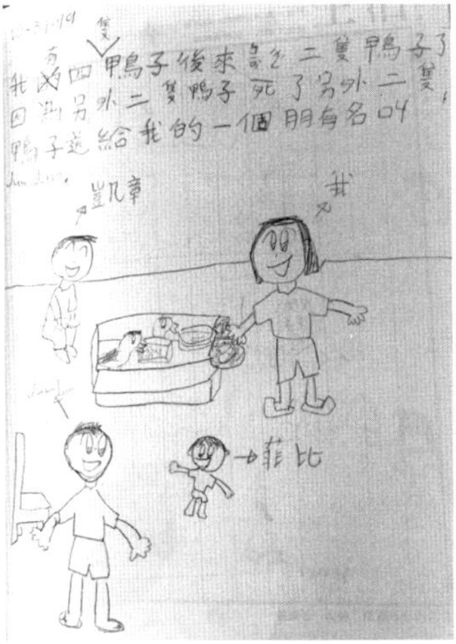

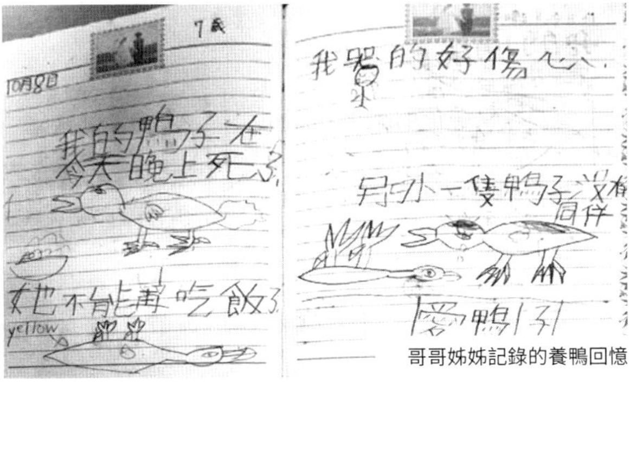

哥哥姊姊記錄的養鴨回憶

3 追夢的媽媽

我們在菲南第二年的某天，媽媽說：「我要到菲律賓本地的國立大學念研究所！」

「不可能！」我爸立刻澆她冷水。

因爲媽媽以前不是主修英文，卻異想天開，想要到在職專修的研究所進修英語教學。所內同學大部分是學校的英文教師，爸爸覺得老婆的夢想不切實際。媽媽的信心很堅強，她找到同校英文系的女學生，請求女生帶她去見系主任。她對主任說：「我的夢想是進入貴校學習英文，但我在大學不是主修英語。請問我有什麼管道，可以成爲貴系的研究生？」

主任說：「妳可以念ＭＢＡ比較實用，不一定要讀英文系所，照樣是全英語授課。」但是媽媽回答她：「我只對英語教學有興趣。」主任搖搖頭：「除非妳能通過我

們的入學檢定，否則本人愛莫能助！」

「好！請幫我安排考試。」媽媽表現一副很有信心的樣子。事實上，她在台北當過兒童美語老師，深感自己學識還很不足，她說那句話時心裡捏把冷汗；但她求知的心實在太強了，使她不得不放手一搏。

媽媽其實一點把握也沒有，但她相信奇蹟無所不在，只要勇敢爭取，每一個人都有可能美夢成眞。爸爸也不看好老婆的考試，但他仍舊請求聖徒代禱。因爲爸爸信靠神的引導，他想若是主允許，那麼她的夢想或許也有可能實現。

入學考試當天，媽媽考了一整天，整整八個小時。她說考試的內容，考了很多英文的文法和閱讀，還有一篇英文作文。她最有把握得分的是作文題，因爲題目是「The day I left for the Philippines.（我前往菲律賓的日子）」。媽媽看到作文題目很驚訝，竟然是爲她量身訂做的題目！她把出發前的爲難和禱告的經歷、出發當天搭機的情形，鉅細靡遺地描述了一番，並且強調：這一切都是神的旨意。又說是因爲神愛菲律賓，所以差派我們來到這地方，爲了要傳揚神的愛。

過了不久，媽媽接獲通知：要她到系辦公室見主任。當她進入系辦，主任自己跑過來，伸出雙手緊握著媽媽，並且擁抱她。主任的熱誠讓她受寵若驚。最令她感到高興的是，主任跟她說：「歡迎您來就讀本系所。」

原來是主任看了媽媽的文章深受感動，竟然錄取了她。媽媽相信是神讓主任破例錄取她，並爲她開啟進入知識的門，她一直都相信奇蹟。

當下媽媽在心裡說：「感謝主。」並當場向主任口頭致謝一番。

之後媽媽就積極展開忙碌的求學生活。每天晚上九點一到，她就陪我們上床睡覺。早上六點半，準時叫我們起床。她說自己凌晨四點，甚至更早就起來讀書了。媽媽所言不虛，因爲我們有時半夜起來上廁所，就看到她在書桌前苦讀。她說那段時間是她感覺最充實的時候。

剛開始上課時，媽媽也是聽不懂教授所說的，略帶菲律賓腔調的英文。但是她不氣餒，不懂就請教旁座同學。她不怕被取笑，其實也沒人取笑她，大家都很樂意幫助她。經過兩年半的努力，她順利完成論文，甚至比有些同學還提早完成畢業論文。這對媽媽來說，又是另一個奇蹟。媽媽因爲沒有申請學生簽證，所以無法取得畢業證書；只得到碩士修業成績證明，但她覺得那又何妨呢？畢竟完成了挑戰，認識一些好同學，也學到許多寶貴的知識。

4 回到故鄉

在菲南過了四年，媽媽的碩士論文完成後不久，爸爸接獲調遣回台灣服事的通知。我們舉家遷回台北，不久又搬到新北市三重，哥哥姊姊進入正義國小就讀，我因年齡不足，無法上公立幼稚園。媽媽讓我到私立幼兒園，卻因吃飯太慢，常被老師責備，只好先待在家裡，等滿五歲才跟姊姊、哥哥同校，就讀正義國小附設幼稚園。

有一次召會舉辦福音聚會，我拿了邀請卡請導師來參加。沒想到老師和她先生不但來聚會，並且當天就受浸成爲基督徒，這是我生平第一次所結的兩個福音果子。

幼稚園畢業前，老師請專業攝影師來學校，幫全班每一位同學打扮漂亮，拍了美美的照片。媽媽說她當時沒有感受這些照片的價值，我長大後她才發覺老師的用心，她說老師眞有遠見。因爲童年只有一次，一旦那段時間消逝，就再也找不回小時候那可愛的

模樣了。

我們住在三重會所的五樓，會所很大很漂亮，共有六層樓，還有院子和兩層地下室。有位奶奶在頂樓種菜，我們也在頂樓養兔子。我們養過許多兔子，每隻都有名字：有黃白色的麥特比、土黃色的小強、全身白色的小白，還有長得像「賤兔」的小敏。牠們的大小便都是哥哥姊姊處理，媽媽負責準備兔子的食物，我負責餵食，這是我最喜歡的工作。但是很不幸，有一天媽媽從市場帶回新鮮的菜葉，我高興地餵兔子們吃。牠們吃完不久後，竟然全都死光了，不知道是不是吃到農藥？

兔子死了以後，有位叔叔為了安慰我們，就送我們一隻紅文鳥。牠的叫聲很特別，「Go Go Grio……」，然後拖著很長的尾音「Guuu……」。牠總是這樣叫著，也因為叫聲的關係，我們給他取名為 Grio。Grio 很愛洗澡，拿個臉盆裝水，牠就進去玩個半天；洗完還會甩甩身軀、拍拍翅膀，把自己的身體弄乾。

媽媽在陽台種了一些盆栽，有一天，兩隻白頭翁飛到我們的陽台築巢。牠們用嘴巴咬著一根根稻草，辛苦地蓋了鳥窩，鳥媽媽產下幾顆蛋後，兩隻鳥兒輪流孵蛋。

我們沒法看到鳥蛋，只看到孵著蛋的鳥兒從巢裡露出尖尖的尾巴（羽毛）。我們等了好久，直到鳥爸爸、鳥媽媽都飛出去覓食，才敢靠近鳥巢一探究竟。哇！小鳥孵出來了，有三隻呢！

過了些天，赫然發現雛鳥只剩一隻，原因不明。有一天，我們看見雛鳥很好奇站在巢邊，牠似乎急於探索這個世界，但可能一不小心就會摔死。鳥爸爸、鳥媽媽著急的想把牠拉回去，拚命啄著牠的屁股，但是牠不肯回去，我們也很著急，就打開窗戶想要幫忙，但鳥爸爸卻飛過來咬我們。

媽媽跑來幫忙我們，好不容易把雛鳥給救回來，放回巢內。當時我們很迷日本卡通《獵人》，覺得雛鳥的羽毛刺刺的，很像卡通裡的主角奇犽，就給小白頭翁取名為「奇犽」。

奇犽漸漸長大，到了學飛階段。某天放學回來，卻發現奇犽掉到樓下鄰居的頂樓，拍著小翅膀掙扎著。我們認為必須立刻趕去救牠，卻無計可施，哥哥要媽媽想辦法，媽媽說她有事要忙，哥哥就急得直跳腳。哥哥哭著說：「奇犽要是死掉，我也不想活了。」

逼得媽媽不得不暫時放下手邊的工作，去按鄰居的門鈴，把奇犽救回來。我們怕牠又跌落巢外，所以就決定養在家裡，等牠學會飛時再野放。

我們剛從菲律賓回來時，台灣學校剩兩個月就要放暑假，媽媽匆忙辦理哥哥姊姊入學，由於中文程度跟不上，姊姊壓力很大，夜不成眠。媽媽陪著她在會所爬樓梯，六層樓不斷上上下下地爬著樓梯，爬累了也就睡著了。

父母還到新莊一戶人家領回了一隻小黑狗Blacky陪伴姊姊。Blacky的名字是姊姊取的，意思是black搭配lucky，意即牠是「幸運的小黑」。

姊姊很快跟上了學校的課業進度。不但如此，她畢業時還得到縣長獎的肯定，我們都覺得她好棒。此後的每一個求學階段，哥和我一路追著姊姊的腳步往前，一方面覺得榮耀，一方面也倍感壓力。

我們在三重認識了很多新朋友，有好多同伴，現在他們都長大了，有些還繼續保持聯絡。當時住在會所附近的朋友們，幾乎天天來我們家彈琴唱詩或寫功課，尤其到了禮拜日，更是熱鬧；不但在我們家有聚會，聚完會還一起用餐，氣氛很歡樂。用完餐後，家長有事先回去，小朋友們就繼續留下來一起演戲，演聖經故事。我們演過「好撒瑪利亞人」，也演過「以撒娶利百加」……。演完戲若還不過癮，就玩枕頭大戰或騎馬打仗。

在三重的時光很短暫，很可惜只有兩年，爸爸要調到高雄市去服事。我們依依不捨的準備要搬家，打包時才發現東西實在太多，不得已淘汰了一些書和玩具，然而剩下的東西仍把一輛卡車塞得滿滿的。Grio 和奇犽跟我們坐自家小客車，清晨天未亮，我們前往人生下一站：高雄市。

5 定居國境之南

如果改變是生命必經的過程，那麼我們只能接受環境而改變。從我出生到六歲，六年內搬了四次家。當時我還小，只要爸媽在身邊，哪裡都是甜美的家。但哥哥姊姊的感覺就不一樣了，尤其要離開三重那群好夥伴，他們是何等難過不捨啊！所幸到高雄一待就是十二年，姊姊在高雄完成國高中的教育，我從小學到高中畢業，都在高雄成長，若說我的故鄉是高雄市也不爲過。

二〇〇三年七月我們進駐楠梓區的海洋大學旁邊。每次搬遷到新的環境，爸爸第一件事便是禱告奉獻，而媽媽就幫我們辦理入學，這次也不例外；爸爸把自己奉獻給主，媽媽急忙爲我們找學校。

我們的學區是翠屏中小學，校長的治校理念是要學生成爲快樂的森林小泰山。他不

讓孩子們每天埋頭苦讀，所以平常的測驗和評量並不多。但許多家長的願望是要孩子考上明星高中，所以有些家長就遷了戶籍把孩子轉到升學率較高的學校。

媽媽把我們三個都安排進翠屏中小學。辦理報到時，所有新生都早已經完成手續，姊姊只能被安排在全校最後一個班的最後一個座號——一年八班四十四號，一個被認爲很不討喜的數字。姊對這個號碼沒有意見，她一如往常地努力用功，做好學生的本分。她的學業成績不斷往前推進，到後來持續保持校排前三名。當年全校畢業生僅有兩位考進雄女，姊姊是其中之一，也因此改變了某些人對數字迷信的刻板觀念。

附帶一提，姊姊國中時參加學校的柔道校隊，才練習一年就被派去參加全國中等學校運動會比賽。她報名的是女子組最輕量級，過磅時發現體重超標一公斤，爲了減輕體重以符合參賽資格，教練安排她穿著雨衣在大太陽下不斷地跑操場。在不到一個禮拜的時間內，她過磅成功順利比賽，並得到全國第八名的成績。

到了高雄第三年，我們從楠梓搬到右昌，我就讀加昌國小。在加昌國小我遇到了寫作的啟蒙老師：林春秀老師。當時爲了代表學校參加全市寫作比賽，春秀老師特別給我

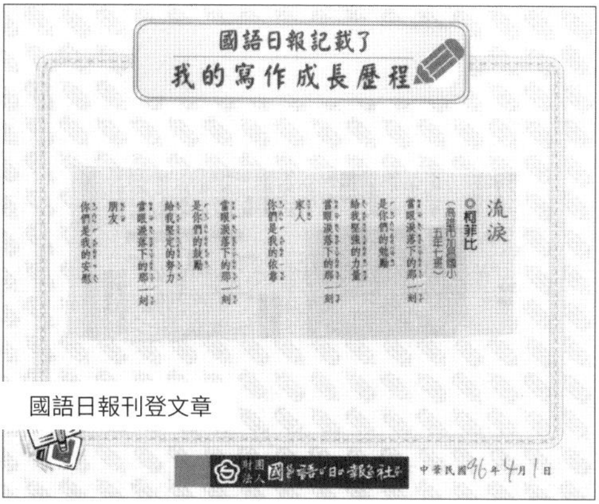

國語日報記載了
我的寫作成長歷程

流淚

◎柯菲比（高雄市加昌國小五年七班）

當眼淚落下的那一刻
是你們的[illegible]
給我堅強的力量
當眼淚落下的那一刻
家人
你們是我的依靠

當眼淚落下的那一刻
是你們的鼓勵
給我堅定的努力
當眼淚落下的那一刻
朋友
你們是我的安慰

財團法人國語日報社　中華民國96年4月1日

國語日報刊登文章

獎狀
Certificate Of Merit

年級Grade：六 年 11 班
姓名Name：柯菲比
受獎事由Achievement：
參加九十七學年度班際學藝競賽，
榮獲『六年級作文』第一名。
恭喜你獲得這項榮譽，值得喝采
特別頒發獎狀鼓勵。

Congratulations!
You are the honor of our school.
This certificate is to applaud your outstanding
performace and achievement.

高雄市加昌國民小學
JIA CHANG ELEMENTARY SCHOOL, KAOHSIUNG

校長 Principal 張清茂

中華民國九十七年十二月廿二日

加昌國小「六年級作文」第一名

特訓，每天到學校一定要完成一篇作文交給她才能回家。老師還把我的文章投稿國語日報，開啟了我對文學的興趣，感謝春秀恩師。

給親愛的菲比

■林春秀（加昌國小老師）

和菲比成就這一段師生緣，源自於輔導室的安排。如果菲比不是跳級生，如果學校沒有將這位特別的孩子另外選擇班級，如果菲比媽媽當時不給我機會，這一切的緣分都不會發生，然而，一切都有它最好的安排。

小學階段的菲比，上課時規規矩矩地端坐著不多話，但每每在上國語課，我要求學生個別朗讀或發表看法，菲比總能說出令人耳目一新的回答與想法。

雖然，菲比是我的學生，但是她只有在國語課與社會課時才到班上上課，也因她乖巧守規，我能以「導師」身分和她聊天的時間並不多，真正和菲比接觸最多也最親近的時間是她小五的暑假。南台灣的酷暑，孩子們好不容易盼得暑假休息，菲比卻不得閒，那兩個月的時間因她要代表學校參加作文比賽，她非常配合的每天早上到學校閱讀、練習寫作，我也針對她寫的內容和她討論。我相信她是因為有這麼一份責任在身上，她要將它做好。

是啊！病痛纏上菲比，看著FB上菲比的點點滴滴，她的堅強一如高雄夏日的艷陽。短暫的相處，卻是恆久的懷念。

林子璇（菲比國中同學／高雄師範大學學生）

每每在看完菲比的文章以後，我不禁也在想，如果生命剩下幾個月，自己會做什麼呢？平常自己到底又花了多少時間在沒意義的事情上，浪費了多少光陰？在後悔的那天來到之前，我真心想要好好地完成夢想，好好用心地看這個世界，並畫下來。能趁身體還健健康康、還能活蹦亂跳的時候，到處走走看看，也真的是完成了一些願望了。我想，能夠活著，健康地活著大概就是最幸福的一件事。活著能夠談到夢想，是幸運；能夠實踐夢想，真的就是最高的幸福層次了。

三部曲 | Episode III

菲比之歌——我不是機率，我是菲比

我雖然行過死蔭的幽谷，

也不怕遭害，因為你與我同在。

——詩篇二十三篇4節

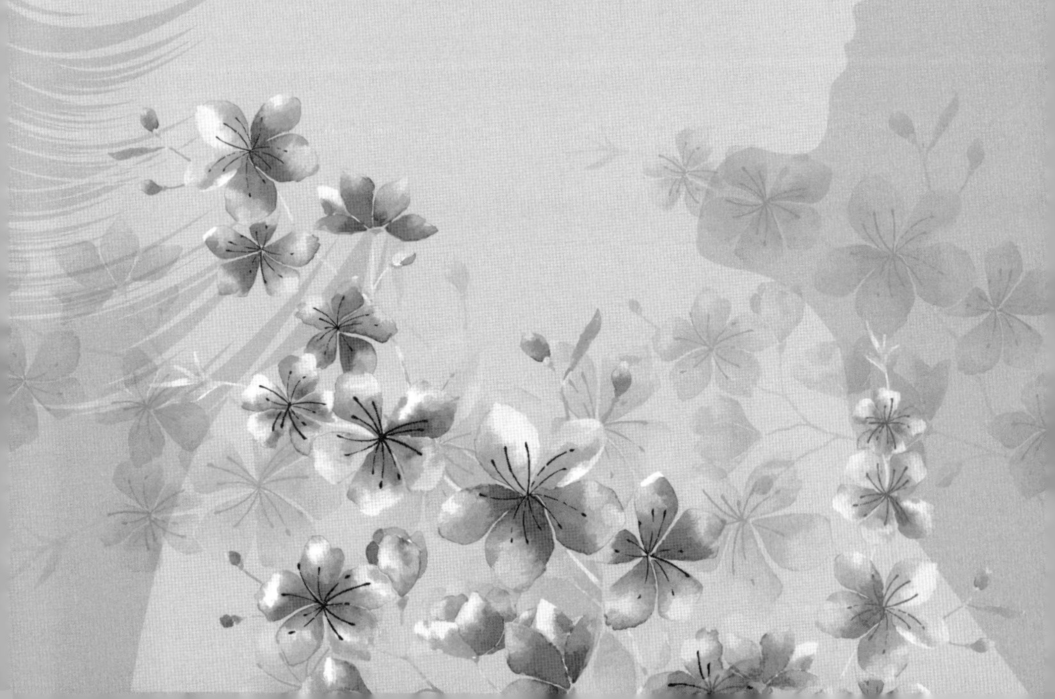

生病時有貓咪 Oreo 陪我

美國的獨臂籃球明星凱文．勞伊（中）和我

蔡淇華老師教我寫作

1 生命的風暴

二〇一一年的春陽三月。之前在寒假彈琴時，微感酸痛的右手臂，在開學後，痛感加劇了，不但影響晚上的睡眠，並且持續發燒。在住家附近診所就醫，診斷是肌腱炎，當初是以爲練琴過度所致，也沒怎麼在意。診所的藥吃了沒效，才到大醫院做檢查。學校開學不到兩週，我必須請假到醫院回診看檢查報告。

當醫師臉色凝重地宣判：是極其罕見的惡性骨肉瘤（Osteosarcoma），總是扛起一切的爸爸，第一次在我面前落淚，我內心很震撼，看見父母和醫師的表情，似乎大事不妙，我的一顆心開始七上八下。

「什麼？我得了罕見疾病？醫師，你說我得了什麼Osteosarcoma？這是什麼？從來沒聽過！不行，我得搞清楚這是什麼東東。」

我心想：「阿不就是手臂酸痛發燒，爲什麼你們好像覺得我就快要死了？怎麼會變成這樣？」我非弄清楚不可。

上網鍵入Osteosarcoma，Oh, My God！一大堆英文資料看得我眼花撩亂。換成「骨肉瘤」三個中文字，立刻跑出長串的說明。我像獵人搜尋獵物般，仔細抓住每一筆資料；又像一個用功的醫學系學生，記住這個疾病的治療方式，和可能引起的副作用，當時我得到的資料大概是這樣的：

「惡性骨肉瘤約占兒童骨癌的一半，是最常見的兒童骨癌，根據中華民國兒童癌症基金會的統計，惡性骨肉瘤的發生率在兒童癌症中約占四．九％，平均男孩最易發病年齡爲十四．五歲，女孩爲十三．五歲。……惡性骨腫瘤在一九七〇年代之前，預後相當差，且截肢率幾乎高達百分之百。然而自從一九七六年開始使用『新輔助性化學治療（neoadjuvant chemotherapy）』，預後已大爲提高。目前以新輔助性化學治療後，將腫瘤做廣泛性切除（wide excision）與肢體重建（limb salvage），再加上手術後輔助性化學治療（adjuvant chemotherapy）已成爲標準方法。」

爲什麼是我？我心裡很不甘願。在兒童癌症中不到百分之五的機率，在所有人中是不到百萬分之一的機率吧？而我卻中獎了！怎麼不會是我？根據文獻統計：女孩發病的平均年齡爲十三．五歲，不就剛好是我這個年齡嗎？

這不就說明一切了嗎！

文獻上記載，自從一九七六年開始使用「新輔助性化學治療（neoadjuvant chemotherapy)」，預後已大爲提高。看來我有存活的希望，但化療是躲不過了。

網路上說化療的副作用會掉頭髮、會噁心嘔吐、會沮喪憂鬱，會……，看得我背脊發涼，牙齒格格打顫，不由得手腳冰冷，接下來的日子我該如何面對？天啊，我才十三歲！主啊，祢是在跟我開玩笑嗎？

在高雄長庚醫院經過冗長繁瑣的逐項確診後，我的右胸口裝上人工血管（Port－A，植入式中央靜脈導管），一連串的化療，伴隨的掉髮、嘔吐，副作用眞的全來了。

我的主治是親切和藹的沈俊明醫師，他幫我做了五次化療。小紅莓、黃葯、白金、和順鉑，也不知道是哪一種化療藥讓我情緒亢奮。晚上精神太好睡不著，我畫了一本繪本，名爲《向日葵小雞》送給沈醫師，故事內容大概是這樣：

有一隻小雞，它生病了，它身上的毛一天一天地掉。看著身上的毛漸漸地變少，小雞很傷心，也漸漸不敢出門了。陪伴它的媽咪想著要如何讓小雞的心情好一些，於是告訴小雞，可以向天上的神禱告。

有一天，小雞向神禱告：「親愛的神，可以讓我身上的毛長回來嗎？我不想光禿禿的，家人也很擔心。」

禱告完幾天後，小雞的頭上長出了向日葵。從此，小雞決定，要用生命溫暖身邊的人，像向日葵的顏色一樣溫暖，讓這個世界多一點點愛。

那隻小雞就是我，我不想光頭。神阿，我需要祢。同時我也希望自己成爲別人的溫暖，而不是造成麻煩的累贅。

我畫的向日葵小雞

2 不要說我堅強

生病期間，我在爸爸的臉上看不見一絲愁容，他總是以溫暖的笑容鼓勵我；然而他常暗自流淚禱告，我都知道。

住院時我抽咽地哭，媽媽在一旁焦急地像熱鍋上的螞蟻，吐出深深的母愛：「如果可以，多希望我能替妳受苦。」我蜷縮著的身軀，讓媽媽顯得脆弱而無助，她的淚珠常滾燙在我手心上。那次媽媽再度握著我的手禱告：「神啊，求你讓菲比看見她兒女的兒女。」我一時豁然開朗，只管好好活下去，便是她的驕傲了。

本來精神抖擻、每月固定染髮又愛逛書店的媽媽，在我病重期間白了頭，醫護人員一度叫她阿嬤。無法抽身的她，在醫院的陪伴床上，讀完一本本營養學、保健書籍，儼然成爲半個營養師，專職調養她的寶貝。家中書櫃上的書，也從語言類書籍漸漸被「怎

麼吃」系列取代，最後硬是占了滿滿兩櫃。爲了不要讓白髮人送黑髮人，更加努力保健的我，漸漸康復了。

有時我聽見哥哥姊姊在電話中，與同伴迫切爲我的康復代禱。從各地捎來的關心和愛述說不盡！來自同儕的卡片如雪片般飛來，使我得安慰與鼓勵。

十四歲的我，因手術和化療而歷經許多苦難，帶著豐富的生命經歷，我創作第一首詩歌〈不要說我堅強〉，以表述我的心情。這首歌經過服事者稍加潤飾，在網路上流傳開來，更多人給我加油打氣，感謝給我鼓勵的所有人——我認識或不認識的你們。

不要說我堅強

詞：柯菲比、陳美秀／曲：柯菲比、徐仁賢

不要說我堅強　讓我笑得倔強
不要說我堅強　眼淚多得太荒唐
不要說我堅強　讓我哭得釋放
不要說我堅強　你們的擁抱讓我不再受傷（副 1）

每一天還有每一天的淚珠　願我的淚珠剔透如清晨的甘露
每一天還有每一天的笑容　讓這笑容帶你翱翔自由的天空

不要說我堅強　讓我愛得頑強
不要說我堅強　讓我活得不一樣
別說哭泣太多　主愛來滋潤我
不再害怕軟弱　因我的軟弱主恩典就加多（副1）

不再害怕堅強　願在愛裡隱藏
不再害怕堅強　每個你們都讓我看見太陽（副2）
每一天還有每一天的日光　願這日光醫治深牢呼求的憂傷
每一天還有每一天的盼望　最美的盼望是耶穌安家我心房（回副1）

想聽更多，請掃 →

3 學習不能停頓

由於白血球過低，怕受病菌感染，我被困在醫院和家裡。爲了不中斷學習，媽媽幫我申請在家教育，邊治療邊讀書。很感謝床邊老師們的付出，讓我生病的日子仍享有受教權。

剛開始只有一位蔡函琴老師幫我上數學。數學講義好難，不過在父母和哥哥厲害的腦子合作下，終於把作業完成。短短兩頁竟要搬那麼多救兵，看來我的數學眞的要好好加油了。經過一個學期後，蔡老師幫我增加了國文、英文、自然和歷史共五科。

英文好多文法，眞複雜！莊婉妮老師是前鎮國中的英文老師，她用週末的時間教我文法。她說國三英文最難的部分就屬文法，希望我能搞懂它。

社會科是我原來正興國中的導師尹姿文老師，她來我家幫我上課時，會跟我聊聊班

上同學近況，多少抒解了我對同學的思念和無助感。

自然科是學校組長陳政賢老師，他說還有地球科學一科是跟自然科分開的，我卻完全不知道。

有些課上了以後，發現忘了好多，不過我相信只要不停複習，應該可以把塵封已久的記憶喚醒。國文科潘淑玲老師拿模擬考作文題給我練習，還好勉強趕在五十分鐘內寫完。文筆眞的是需要常練的，不然久了會鈍掉。

堆成一座小山的教科書，不管怎麼讀都讀不完，我永遠在離學校進度很遙遠的地方追趕。不時的治療也打亂我的讀書計畫，眞希望這討厭的化療快點結束！

我從小就超愛熱鬧，不甘寂寞。在家受教育的日子，我覺得好孤單，好想跟朋友們在一起，每天早上起來都有點驚訝，還是應該說是失望？好像內心很不可思議地一再問自己：「妳今天都不用上學嗎？都快遲到了！」

記得以前上學，段考時都會一直抱怨、鬼叫，跟同學一起緊張，每考完一科就互相對答案，錯了幾題就昏天暗地，心裡七上八下地皮皮挫，恨不得趕快考完公布成績和名次。現在反倒懷念，期待回學校，人眞是不安於現狀呀！

每天都想著，永遠不要再去醫院，趕快回學校當個平凡的學生。我在這低谷徘徊夠久了，還好出口已經不遠；基測只剩一○一天。

老師給我看她學生寫的祈福卡：有人想要讀雄中、三民家商、雄女、雄商……，老師也給了我一張。第一志願要填什麼呢？跟家人討論後，覺得以我目前的情況，選填離家最近的學校是最有利的，那就非鳳山高中莫屬了。

然而鳳中也不好考呢！國立鳳山高中錄取分數落在大高屏區第三名，一般考生須在班上前五名才有可能考上。申請樂學方案時，可採計在校三個學期的成績，我剛好有三個學期的完整上課記錄。我的分數經過特教加分後，要上雄女綽綽有餘；但考量我的實際程度明顯落後，且爲了照顧到健康，我們做了明智的抉擇，申請到鳳山高中就讀。

4

勇氣是一種能力

有時候我覺得自己的人生就像一場連續劇，而且是肥皂劇。

在高雄長庚做了五次化療後，爸媽得到資訊：台北榮總的93病房，有很多跟我一樣的病例，並且北榮兒童骨科陳威明醫師是國際肢體保留協會的會員，他的醫療團隊是這方面的專家。於是在即將接受骨科手術前，爸媽把我轉院到台北榮總繼續治療。經過一年南北奔波的治療，到二〇一二年二月好不容易做完療程，享受了半年無須住院的生活，頭髮也長了一些，以爲癌細胞完全消失脫離我了。我幸運地和同屆同學一起畢業，升上普通高中。

當我滿懷著雀躍，期待回歸校園，展開新的生活，卻在高中即將開學前，毫無預警地在例行追蹤檢查時發現骨癌復發，而且來勢洶洶。

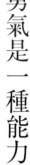

在北榮病房，醫生解釋說：「爲了保命，需要動手術，若是手術進行中發現癌細胞侵入神經，就得截去右臂，否則將失去生命。」

我不知道要如何向神祈求，也不知能否求祂留住我的右手，就在我心情跌到谷底時，腦中浮起《聖經》一處經文說：「我們本不曉得當怎樣禱告，只是那靈親自用說不出來的嘆息，爲我們代求。」我領悟到，雖然我不知道該如何禱告，但聖靈正在爲我代求。於是我呼求主耶穌的名，因爲《聖經》說：「凡呼求主名的，就必得救。」

截肢前一夜，我仔細端詳我的右手好幾個小時，並鄭重向它說再見！

漫長的手術結束後，我在恢復室清醒，存著一絲僥倖摸摸右手：「手還在嗎？」無奈發現還未滿十五歲的自己，就這樣成了一個獨臂女孩。同時我也發現，面對失去自己的肢體，是永遠無法做足心理準備的。

命運之神爲何從不給我好臉色？還好我是左撇子，不然要怎麼應付高中龐大的課業？我想到接下來必須化療，又要重新面對光頭的自己。我還想盡快回學校讀書，但我這獨臂光頭在校園中走動，任誰看到都會退避三舍吧？頓時覺得神離棄了我。

媽媽告訴我：「神要藉著妳的經歷安慰那些受苦的人。」她還說：「妳若信，就必看見神的榮耀。」我信，我想看見神榮耀，我也想安慰更多的人。但現在我自己也很需要安慰啊！誰能來安慰我呢？

截肢後感覺困難重重，我必須重新適應一隻手的自己。

我想效法約書亞率領以色列人過約旦河，把腳先踏進水中，讓河水分開，成為通路。或學習摩西率領以色列人過紅海，把手中的杖伸進海裡，海水自動形成兩道水牆。截肢三週後，我勇敢地把自己的腳跨進學校，盼望行神蹟的主為我打開一條生路。

高一上學期，常因身體因素請假，週末需到長庚醫院做化療，但是我從未停止學習的腳步。以往是資優生的我，在高中時卻體會到已經辛苦學習，學業成績卻令人挫敗的滋味，此後更能欣賞那些在體制下被排名在後段的孩子，看見每個人身上不同的特質。

起初我還不習慣單手的自己，幸好被分配到的班級很溫馨，大家都接納我。終於我有了學習的同伴，結交了一些單純可愛的朋友。雖然之後肺部有一小點的轉移，高雄長庚的胸腔科呂宏益醫師幫我做了顯微手術，總算在高一下我的身體完全無病徵了，治療告一段落。

雖然治療告一段落，但失去右手後的痛感仍然存在。我跟媽媽形容：「就像有人把我的右手用力扭折撕扯，而且痛楚與日俱增，全身都被波及。」

媽媽問我：「右手已經不存在了，怎麼還會痛呢？」

我說：「可是我真的感覺右手還在痛，而且很痛！」我們回診問醫師。

醫師說：「這叫幻肢痛，是從頭腦發出的訊號告訴妳，妳的手還在痛、有時是酸、麻、癢，或其他各樣的感覺。」

「幻肢痛會持續多久？」我問。

醫師回我：「不一定，因人而異，有人運氣好幾個月就消失，有人持續幾年，也有人一輩子都在痛。其實它也可以說是一種神經連結所產生的錯覺，可以吃止痛藥或注射阻斷神經的藥物，不過止痛效果都無法持續。」此後幻肢痛如影隨形跟著我，我必須學習與它和平共處。

在種種挫折下，曾經想放棄升上高二，靠著師長和家人支持，我選擇社會組，繼續往高二前進。可惜升上新班級，連一個認識的同學都沒有，自我介紹時我很緊張，走錯了一大步。

「我叫柯菲比。喜歡玩音樂，最喜歡的科目是英文……然後你們也看到了我只有一隻手，是因爲國中的時候得了骨癌，就這樣沒什麼好問的……」因爲這句「就這樣沒什麼好問的」，我給人的第一印象是「脆弱的人」。每個人對我都小心翼翼，久而久之我變成了上課沒人聊天、下課形單影隻的邊緣人。

身邊大部分同學用友善的態度對待我，但那跟我想要的朋友之誼，還有一段距離，是我無法拉近的。輔導老師也不能解決我的交友問題，畢業旅行時我都跟高一同學在一起，分配房間也沒有人自願跟我同室。

我內心很渴望有朋友，可是忘了怎麼跟自己做朋友。我做了一年半化療、右手截肢了、身體狀況又還不穩定、功課跟不上學校進度，變得很害羞。試問如果你身邊有這樣的同學，你願意主動和她聊天，跟她去福利社買午餐，和她一起讀書嗎？如果你是我，能繼續在這間學校生存下去嗎？

在學校我除了需要和各科老師協調，還要適應班上的小團體生態，對我的體力與腦力都是考驗。有一次與心理諮商師的會談中，她讓我用同學的眼光看自己：「如果我是菲比的同學，當然願意跟菲比在一起。爲什麼不？」

會談中淚水帶我找回了自信，於是我成爲自己的朋友。很慶幸那時沒有想不開，一直相信神會爲我預備眞正的朋友。當人生不給我好臉色看，就厚著臉皮活下去吧！靠著這樣子的想法，慢慢地重新認識自己，越來越開朗，高三終於在班上交到了好朋友。終於有海闊天空的感覺。在右手截肢一年後，我寫下了對它的記念。

與右手離別滿一年

九月三日這是個人生轉折記念日，而今天爲了記念跟我親愛的右手離別滿一週年，看了一部影片《靈魂衝浪手》。那時，我很少向人講這件事，所以或許有些朋友不知道吧。有些人知道了以後，就對我態度不一樣了，我不怪他們，我了解。

眞的無法想像我這一年到底怎麼過的，無法想像！

甚至沒有形容詞能描述，當然不能說慘，因爲我竟能讀鳳中，再度過校園生活、召會生活；也不能說好，因爲年中間還有些狀況；但我知道，將有一整天我能忘記空袖子，提起過去將不再悲傷，將習慣路人的奇異眼光，將不再因現實的人感到受傷，甚至開心像以前，活得更精采。

其實這一年，在學校、神家也有不錯的時光啦:)眞的很感謝在身邊陪伴的家人、神家裡的親人、朋友，感謝神！

有一天我讀到《聖經》的〈詩篇〉一三九篇7－10節，經文提醒我：「不論在何處或什麼景況之下，主都會與我同在。」我把這段經文譜成了一首歌曲，寄託我放下掙扎的心情，向主說也向自己說，不能因遭遇艱難而逃避主，反倒要緊緊倚靠主，讓神指引我，飛過一切高山低谷。

這首詩歌是我深刻的經歷，第一次發表在高雄鳳山的「青少年玩音樂」，許多人都感動流淚。

我往那裡去躲避你的靈

詞：詩篇一三九篇7–10節／曲：柯菲比

我往那裡去躲避你的靈
我往那裡逃躲避你的面
我若升到天上　你在那裡
我若在陰間下榻　你也在那裡
我若展開清晨的翅膀　飛到海極居住
就是在那裡　你的手也必引導我
你的右手必緊握著我……必緊握著我　主祢一直都在

想聽更多，請掃→

高二的我，雖然在班上無法和同學打成一片，但我沒有讓自己的生活停滯不前，反而積極參與學校活動。我參加生命教育活動，籌劃學校運動會身心障礙體驗營，擔任伊甸基金會志工，參加飢餓三十體驗營，我學習到很多，也享受其中的過程。

高中三年期間，我學習游泳、加入合唱團，也參加教會的青少年聚會，生活充實又規律。對我來說，每一天都彌足珍貴，我非常珍惜擁有這幾年的高中生活。

那些覺得自己比我厲害的人態度還是一樣，但我卻不在乎了。越接近畢業的日子，我越活得如魚得水。最終我順利畢業了，並且和同學們一起上大學。當我拿到畢業證書那一刻，老師和我，以及我的家人都充滿了感動。

現在回頭看，「勇氣」是一種能力，是經過一次次全身痲醉的手術、數十次化療、和無數次的挫敗所累積出來的。

我以破釜沉舟的心態過每一天，面對徬徨未知的明天，我決定珍惜每個平凡的今天。我要以自己的歌聲，用不屈服的生命力頌讚主！

5 閱讀與寫作

國二生病後，我的學習基本上就是半自修狀態。在住院苦悶無聊的日子裡，閱讀寫作成了我風雨飄搖環境中的避風港。沈浸在閱讀和創作中，我總能找到平靜的喜悅和前進的動力。

《聖經》上說：「人活著不是單靠食物，乃是靠神口裡所出的一切話。」媽媽在我生病後買了一系列保健抗癌方面的書，教人「怎們吃才會健康」。剛開始我對媽媽準備的食物歡喜領受，但吃了一段時間無鹽、無油、無糖的食物後，味蕾發出抗議：「與其吃這些食之無味的東西，還不如把自己餓死算了。」加上我努力吃自己不愛的食物仍舊復發，後來就再也不想違背意願，開始排斥媽媽端出來的食物，甚至她再買什麼抗癌食物或書籍，我都嗤之以鼻。

〈箴言〉十七章22節提到：「喜樂的心，乃是良藥。」神的話給人智慧，是我們腳前的燈，路上的光。在抗癌路上，《聖經》伴我走過漫漫長夜，是我百讀不厭的經典。除了聖經，我也很喜歡《安妮的日記》這本書。

《安妮的日記》，記錄了十三歲的猶太少女安妮，爲逃避納粹屠殺，和家人躲在密室裡的心情故事。安妮用文筆描述她的喜怒哀樂，表達她失去自由與死亡逼近的哀怨恐懼。同樣十三歲的我也因爲疾病困在醫院，失去自由並感受死亡迫近。咀嚼著安妮的字裡行間，猶如我自己的心情寫照，我開始記錄我的抗癌筆記。我甚至想像著也許有那麼一天，藉著這些日常記錄，把自己的故事流傳下去，像少女安妮一樣永遠活著。這樣的想法，竟然使我覺得住院的日子就像在密室中，雖然沮喪但不致絕望。

截肢後曾經有一段時間，我的內心無法接受殘缺的自己。媽媽給我買了些勵志的傳記，如力克．胡哲（Nick Vujicic）寫的《人生不設限》、《勢不可當》和《全心擁抱你》。有一次力克親自到高雄演講，我和媽媽也到現場聆聽。我對未來重新燃起盼望，因爲連天生沒有四肢，重度障礙的力克，都還能自豪地說「我那好得不像話的生命體驗」，我又有什麼理由放棄呢？

「一個人失去愛與被愛的能力才是眞正的缺陷，只要還有能力把愛給出去就是完整的人。」這句話是我讀廖智《放聲笑吧，就像從未受過傷一樣》所得到的結論。廖智是個熱愛舞蹈的四川姑娘，二十三歲因汶川地震被活埋了二十六個小時。她失去女兒、失去雙腿，並失去了婚姻。她的經歷讓我相當震撼，如果你是她，你要怎麼辦？我自問：「如果我是她，我要怎麼辦？」

失去一切的廖智，不僅重新站了起來，還組建了殘疾藝術團四處演出。她不但沒有被眼淚淹死，還積極參與一項又一項的公益活動，雅安地震，她衝到第一線成了最美的志願者，她說：「這世界最終需要的，並不是堅強，而是永不止息的愛與希望。」這觀念完全與我不謀而合。我如獲至寶，重覆捧讀著飽經憂患的女孩，卻能以笑聲溫暖別人的故事。同時我見賢思齊，積極參與公益活動，期許自己也成爲這樣開朗的女孩，有能力去關懷需要的人，讓周圍的人感受溫暖。

美國的獨臂籃球員凱文・勞伊（Kevin Laue）是最令人興奮的籃球員，只要他出賽，便吸引所有人的目光。從小失去左臂的他說：「肢體的不全，是塞翁失馬的祝福，使我能以生命影響生命。」當他來台北時，我也到現場擔任志工。

凱文在他即將誕生時，因臍帶繞頸而失去左手，從小在生活上有諸多不便。他四歲時父母離異，到處搬家，十歲時爸爸罹癌逝世。成長過程中要對抗氣喘，以及面對教練或球員的忽視或嘲諷，憑著毅力與忍耐，所有的困難或阻礙他都陸續克服了。經過無數次的練習，凱文讓我們見識到他在球場上的神乎奇技，世人給了他「獨臂灌籃王」的稱號。

凱文的見證觸動了我的心，也感動了在場的每一位。你可以在五秒鐘內，單手綁好鞋帶嗎？不可能嗎？凱文做給你看。我在現場也示範了單手綁鞋帶，只是速度比不上他。他當場送我一個簽名籃球和自傳《獨臂籃球夢》，之後我把籃球送給高雄市召會的青少年。沒有因爲斷臂停止追尋夢想，還活出更豐富的人生，更用本身的故事發揮影響力，鼓舞許多人。凱文「用生命影響生命」的態度深深打動了我。

蔡淇華老師也是以生命來影響生命的作家。二〇一六年四月十七日，我和史迪爾小姐同受教育部邀請，分享我們受教育的經驗。史迪爾小姐因罕見疾病申請自學方案，她提到蔡老師是她寫作的啟蒙老師。媽媽把蔡老師寫的書買來給我，半年後她鼓起勇氣請蔡老師教導我這個獨臂小女生學習寫作，老師竟毫不猶豫地慷慨答應。感謝老師的熱忱與不藏私。

讀蔡老師的書，最大的感動就是：不管你在哪個崗位上、什麼行業、甚至只是個學生，你都是一顆發亮的星，你能做的比你想像的大很多很多。即使我是一隻小小的螢火蟲，發著微弱的光，我仍然可以照亮漆黑暗夜的周遭。

《有種請坐第一排》讓我勇敢站出來，不再隱藏自己。《寫作吧！你值得被看見》讓我決心重拾起書寫的翅膀，用寫作力飛上高空，讓自己被看見，也因此看見更遼闊、更壯麗的世界。《學習，玩真的！》給修路的人一張藍圖，更讓我獲得啟發。

書中提到：「拯救台灣的路一定要修好，這條路，就是教育。你能發揮的影響力是寬廣的，去把你的點子拿出來做，做中學、學中做，那結果是會讓無數人感動得雞皮疙瘩的。我們這一代的學生，需要把握住生命中任何一個強連結、弱連結，有時候改變的人就是我們，每一個人可能都是修路的人。」

我下定決心，不要當擋路的人，試著打破教室沉重的沉默，再更積極主動一點去吸收知識。改善教育，從自己做起。

後來我參加「東吳大學反性別暴力小組」，參加衛福部「發揮影響力．終結性別暴力」活動，我們一群懷抱理念的身心障礙生，在姚淑文主任的輔導下，倡議加強教育並改進視障者如何去面對、防治性別暴力的管道，和防暴聯盟、愛盲基金會、特教科科長對話，用行動促成警政署開通了無障礙使用的App；還毛遂自薦把我們自拍的微電影寄給科長，科長給予正面回應，願將此教學資源分享給全國國高中使用。結果我們不僅拿到「人氣獎」和「佳作」的肯定，更是在教室外，親身經驗到賦權（Empowerment）的成就感！我明白這就是主任當初輔導我們參與活動的初衷。

如同蔡淇華老師告訴我的：「因爲學習玩眞的，夢想都會成眞！」我會一步一步學，夢想聽起來永遠是未來式，但學習永遠是現在式。

6 其實你可以

在台北國父紀念館參加公益表演，休息時我在後台跟朋友依斯坦大・莎霏聊了很多。莎霏生來少了一隻手，但長大後她會單手騎車、開車和綁頭髮，她說：「沒有不可能，只有能不能。」我希望能擁有她那種自信和與人溝通的技巧！

神在每個人身上都有一個計畫，雖然有時覺得看不見前面的路，但我心中總是篤定：「我不是機率，我是菲比」，就算醫學上的數據再怎麼不好，我都是唯一的個體，要活出獨一無二的人生。

高二時我和好友主馨合作一首歌〈其實你可以〉，參加教育部「生命影像與音樂人生」徵選活動。青澀的我們因爲有夢想，因爲喜歡，也沒想太多，就把我們的歌寄去參賽，結果竟然幸運獲獎。這首歌的主題，是鼓勵身邊的朋友勇於追夢。

剛升上高中因環境改變、課業難度加倍，壓力和不適應洶湧而至；讀不完的進度和滿江紅的考卷、而健康又亮起紅燈，種種挫敗令人手足無措。想起當初能進這所學校的雀躍，不想放棄，無力感卻很重。幸好朋友們的陪伴、加油打氣，讓我能順利度過。我們不是一人在努力，而是一起爲將來充實自己，並一起創造美好回憶。

時光飛逝，我們的一、二年級不知不覺漸漸遠去，而未來的升學大考逼近，三年級必有的徬徨和矛盾悄然而至。此刻能一起創作我們自己的歌，雖然整個流程都好趕，但能藉由這首歌彼此鼓勵，眞的很感動，也很感謝韓令梅老師借我們音樂教室完成錄音。

其實你可以　詞：柯菲比／曲：魏主馨、柯菲比

你問我是否曾經擁有蔚藍夢想的天空　卻因旁人流言受挫
有時候努力掙扎許久　卻禁不起和失敗切磋
忘了最美初衷
不去恨寂寞　你會看到心靈壯大的自我

然後再發現朋友們一直在這裡　一起加油

其實你可以做的更多　當你退縮總是想太多
卻只是錯過　其實你可以做的更多
OH……當你放手　就放手一搏　何必再回頭
還記得眞誠的你提說　曾夢想還未完成
卻因旁人流言受挫　有時候努力掙扎許久
但禁不起和失敗切磋　忘了最美初衷
不去恨寂寞　你會看到心靈壯大的自我
然後再發現朋友們一直在這裡一起加油
其實你可以做得更多　當你放手　就放手一搏　何必再回頭

想聽更多，請掃→

很多人都曾在人生十字路口掙扎地抉擇，可能累了倦了、自信心也不夠，有些人甚至無法自己選擇，未來總受旁人支配。朋友們，其實你可做的事超乎自己想像，勇敢爭取，在追尋理想的路上看見進步與成長，踟躕不前的你趕快放下優柔寡斷，現在就放手去做吧！

「其實你可以」不只對我們說，也送給每一位因失望而灰心的人：「懷抱著希望就不會落空，只要勇敢追夢。」帶著堅強的信心，擁抱迎面而來的磨難。相信每一次的淬鍊，能使我們在遭遇任何環境時，都不致動搖那顆追夢的心。

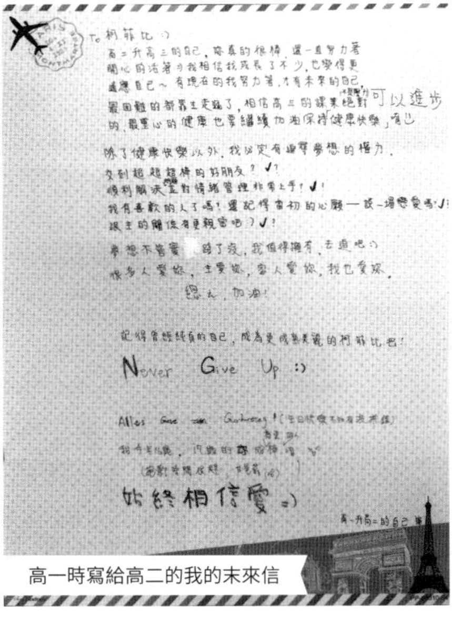

高一時寫給高二的我的未來信

7 我的命名日是93

力恩告訴我一件神奇的事：屬於Phoebe的命名日，是九月三日。我的名字，菲比原文是希臘文Φοίβη，而每個希臘名字都有屬於它的命名日（Name Day），希臘人每年會像生日般的慶祝自己的命名日。第一次聽到這奇妙的連結，我對神說，這是跟我開玩笑嗎？您眞幽默呢！或許這就是命中注定吧？不知爲何，我的人生好像脫離不了「93」這數字，眞的很難解釋……。

起初是媽媽聽說台北榮總有個「93病房」，專收治像我這類的病人。爲了得到更好療效，父母幫我轉到台北榮總，在93病房由洪醫師接手幫我做化療。二〇一一年手術化療一年後，休息不到半年又復發，不得已在隔年的九月三日截肢，之後的三年在高雄追蹤，在如履薄冰的戒慎中倒也平安過關。

上台北讀大學後回到93追蹤，二〇一七年是我罹癌進入第七年，以爲過了五年安全期，不料竟在三月底復發，無奈又得長期在93病房進出。我在93已經是個資深老病號，眞希望快快康復，永遠從93畢業吧！

爲什麼93不斷出現在我生命中？就是那種冥冥之中一切都串在一起的感覺：我的身分、經歷、感情，好像都跟93這數字脫離不了關係，好像我的神在跟我說，一切都計畫好了。

在93我遇到了社工師小玉姊、和床邊老師小秋老師。小玉姊和護理站合作，三不五時包車帶我們到威秀看電影，或偶有演藝界明星來看望我們，使我們的日子從黑白加上了一些色彩。

在93病房什麼事都可能發生，什麼都不奇怪。比如說昨天隔床有人往生，今天換我暈倒；前兩週鬼哭神嚎的隔房病友，今天剛好轉來同室……。只要你想得到的劇情，93病房隨時上映中，因此在93必須開啟老頑童模式，才能生存。

北榮93是兒癌病房，多數病友都是小朋友，所以「大富翁環遊世界」的遊戲，撲克牌、跳棋、拼圖……等，在這裡頗受歡迎。

二〇一七年四月手術後，我在93住院長達一個月，整個月下來，連期中考都失去了。還好這期間我在93完成了人生第一幅數字油畫。數字油畫就是把配好的顏料，按照圖上標明的數字塗上規定的顏料。這是藝術結合科技的產物，著色者不需要有藝術天分，需要的是細心、耐心和好的眼力。據說數字油畫之前風靡93好一陣子。之後力恩來台北和我一起選購的數字油畫，剛好住院時用來打發時間，我在作畫時，也編織著未來希臘夢幻之家的願景。

力恩為我選的數字油畫

8

打開生命的抽屜——K館的抽屜

高三那年在網站上看到，教育局文化部主辦的「文薈獎徵文比賽」。徵文主題是「打開生命的抽屜」。我用「佐依」這個名字來描寫自己準備大考的心情故事。佐依是希臘文zoe的音譯，代表生命的意思。感謝評審青睞，讓我獲得文學類學生組「優等」的肯定。

頒獎那天，我看著自己的文章印在書中，心裡有著莫名的感動。當天媽媽翻著書一邊讀著就哭了。她陪我走過所有歷程，很能感受這雲淡風輕的描述裡頭，其實包含了多少不爲人知的血淚辛酸。

打開生命的抽屜——K館的抽屜

✲K館的位子

K館外，佐依單手提著一袋沈甸甸的書等候著，她的手臂開始痠痛。不久，拎著鑰匙的工讀生趕到，開了門。早到了的學生們魚貫進入，畢竟快要學測考試了，大家都上緊發條，空中瀰漫著緊張的氛圍。每個高三生都有一個屬於自己的座位，她把書擱在架上，093是佐依的位子，寬敞的一格格的小宇宙排列整齊；必勝的火使得在冷氣如此強勁的讀書環境，即使脫了外套也不會冷。靜悄悄中開始響起寫字沙沙聲和堅定的翻書聲，佐依坐下後發了兩分鐘呆，再深吸幾口氣，疲憊的心便振奮起來。打開抽屜，簡章靜靜地躺在那裡。佐依瞄了一眼，觸發她某種複雜的情緒，像是踩了油門般急速關上抽屜，翻開複習講義振筆疾書。

K館這個讀書的天地，感覺就是一群人拿書猛K猛揍的畫面，直到打完這場頭腦與知識的漫長角力賽，用成績判斷輸贏。佐依總在一兩個小時後就無法專心下去，因為她身心疲憊，且神經開始抽痛。當右肩的神經不乖的刺痛、發麻，佐依不禁開始胡思亂想，思考著那不敢正大光明地拿出來看的簡章裡，極少的科系與名額，她就是不敢被同學看到，彷彿簡章說明他們不在同一陣線。

「身心障礙學生升學大專校院甄試簡章」裡那個「社會工作學系」名額像是星星般金黃耀眼，雖然那是螢光筆加標記再用蠟筆塗了數次後的結果。這條特殊升學管道的考試人數較少（估計總共二千多人），但她想要的這個系，標準的錄取分數的確有點高。她的心中有股強大的願望，多日來不斷地膨脹，膽怯的她再也無法忽視這個高遠夢想的召喚。她甚至眼眶泛紅卻哭不出來，這一天，細膩又樂於關懷人的佐依在回家的公車上對自己宣誓（但也不敢太大聲）：「我要考上社工系！」

✽改變

就在國二那年，右臂痠痛的佐依在像作夢的一場宣判後，住進了兒童癌症病房。似乎還沒來得及感受到疼痛，那個長髮別著史迪奇別針的阿姨走進了佐依的病房。「我是小玉姊，我是妳的社工師！」佐伊忘了那天小玉姊講了些什麼，只記得熱情的姊姊很親切，說要介紹認識幾個病友，還有自己一直勉強掛著笑容卻蒼白的病容；可是很奇妙的，小玉姊眞的讓佐依感覺放鬆了不少。

從那之後常常見到小玉姊，原來她是兒童病房的常駐社工師，非常熱忱又不怕麻煩，樂於協助每個病童的需要，在辦活動時總是幫忙奔波、聯繫而樂此不疲，使病房的活動都辦得很成功，讓佐依度過不少特別的住院日子，生病的苦悶也降低了許多，在活動中還結交到同齡的好朋友，他們也是得了骨肉癌的青少年。雖然佐依沒有上學，仍然在治療間歇期補一補課業進度，有愛心的老師們幫助佐依完成國中課程。

國三時，佐依的化療即將結束，沒想到醫生竟然說：「只有化療還是沒辦法，可能必須截肢。」佐依和家人煎熬了幾天，考慮並且不停禱告。她多次欣賞自己纖細美麗的手後，就帶著不確定進了手術室。佐依一直在想：「全身麻醉後，身體的分離眞的沒有感覺嗎？右手是不是就這樣提早上了天堂，以後到了天堂可不可以再裝回來？」她沒有任何答案，醫生也說開刀時會看情況決定是否有機會挽留。可是她從昏昏沉沉醒來時發現整隻右臂已經永遠離開了。

一週後佐依已經可拔掉身上所有的管子，並且重新練習身體的平衡，但她的感覺非常怪。醫生說：「妳現在會感覺右手還在，有種痲或刺痛的感覺？那是幻肢痛，很多截肢者都有，可以開點紓解神經痛的藥給妳。」兩週後，媽媽已經可以陪著佐依沿著護理站在走廊上繞一繞。竟然遇到小玉姊！

「佐依，妳現在可以出門了，那我們今晚去外面吃一頓！」小玉姊興奮地說，立刻和在醫院教佐依數學的小秋老師規劃去哪吃。他們都精力充沛又善解人意，知道佐依截肢後會擔心旁人的差別待遇，盡可能地使這位令人心疼的女孩開心些。雖然佐依有點小擔心，心中的悲傷也非常龐大，在醫生同意下他們果眞順利去了一家咖啡廳，而且這是她第一次空著右邊的袖子逛書店。佐依看著陳列新書下一格放著上次用右手拿起來並買回家的書籍，忍不住鼻酸，她凝視著那本美麗女孩封面的書，想到拆線出院後，化療也將停止，她的頭髮長回來後綁起馬尾，有個少女的模樣。這眞的讓她等了好久好久。

儘管佐依還不知道如何只用一隻手過以後的日子，這奇妙的世界讓這個承受重大改變的女孩，還不到一個月就感覺好像重新活了過來——或許是手術後一個月內持續服用的麻醉和止痛藥奏效吧。住院好一陣子的佐依痛快地吃完一整份義大利麵，和她的社工師與老師像朋友一樣聊天，就是從那天起，佐依希望自己也可以成爲這麼溫暖人心的人。

✽佐依的距離

升上高中後，治療總算完成。雖然失去右臂造成的神經痛一直伴隨著佐依，卻不影響她進入一所不錯的高中；在一二年級時，佐依的班排和校排名總是中後段，她努力著讓因加分進去的成績所存在的距離縮短，直到她發現不只班導師稱讚她進步不少，也漸漸感受到身邊同學的肯定，佐依終於鬆了一口氣。

習慣了一隻手生活，生活有了規律，此外因生病讓親友們不知所措的尷尬慢慢變少了，大約分班一個學期後和同儕相處的模式也終於步上正軌，她發現在新環境要讓大家接受並喜歡她，眞的比以前困難些：必須比四肢完好時多兩倍的自信，才能再次獲得好人緣。忙碌的校園生活，佐依與同學一起參加生命教育歌曲創作比賽，還加入伊甸校園志工，因爲她永遠不會忘記小玉姊和小秋老師的溫暖。成爲三年級學姊的這個冬天，佐依烏黑的秀髮也過肩了。

佐依在熱音社的樂團主唱卸任後，和所有再也沒時間玩社團的「老高三」們登記了自修中心——K館的位子，這裡儼然成爲考生們的第二個家。大部分的人都在書桌前掛著第一志願或是目標的級分，但佐依只貼了「加油」的貼紙，再把升大學的甄試簡章放入抽屜，妥妥地在裡面醞釀，每天打開看一下，確認社工系唯一的名額還在那裡閃耀著，直到考試前一晚都如此。

✻打開未來

辛苦的K書戰役已告一段落，分發錄取揭曉了。佐依來到093的桌子旁，但她不是去K書。佐依整理架上的複習講義、小筆記和便利貼，一本本全部放進包包，再把「加油」貼紙乾脆的「啾」的一聲撕下來，紮著馬尾的佐依盯著抽屜看了一會。這位溫柔又堅強的女孩輕輕拉開放著簡章的抽屜，拿出發亮的夢想——一個社工系的名額。佐依心中的感動、感謝、快樂與豁達，還有這些日子所有複雜的情緒全都一股腦兒湧了上來，她用模糊的淚眼看著焯爍的紙，那個「1」再也不遙遠了，她的雙眼被亮眼的光芒刺得閉了起來，兩行淚像雙道流星劃過——達成進入社工系的夢想。

學測放榜後我考上東吳大學英文系。經過一年的努力，我申請到社工系的雙主修，實現了要上社工系的願望，同時邁向準備爲弱勢族群服務的道路上前進。

給親愛的菲比

■ 林育瑩（國立鳳山高中菲比導師）

菲比是我在五年前所帶過的學生，那時新生訓練時拿到的資料是準備休學的狀態。後來才知道她剛動完右手的截肢手術，原因是骨肉癌的轉移。

後來在課堂上的學習，菲比一直非常用心和認真的態度，讓我和同學非常感動。菲比的國語文和英文能力很出色。其實菲比在經歷大手術後，身體是較常人虛弱，但我看不到她上課的倦容，她在把握一分一秒學習的機會。

然而病魔並沒有伸出慈悲之手，下學期初發現肺部出現黑點，又得再動手術了。菲比再次得受身體的苦難，但她撐了過來，同學跟師長也給予支持。

特別值得一提的是，我在批改她週記中，看到她娟秀的字體和行如流水般的文筆，偶爾她還會附上充滿童趣的插畫，饒富生意，充滿童真！

我和同學們在她身上所得到的人生智慧是無價的，她激勵人心，勇敢面對人生，把握當下每一分鐘！永遠是勇敢和美麗的小天使。

■ **楊季霖（菲比高中同學／屏東大學國際貿易學系學生）**

每每見到菲比，我總被她的笑容及幽默感感染，高中時，似乎一切的課業以及生活中瑣碎的煩惱都不是問題。原來喜樂無懼，其實是瓦器裡有寶貝。

■魏主馨（菲比高中同學／台灣師範大學英語學系學生）

奔跑賽程的生命鬥士：「你若信，就必看見神的榮耀（約翰福音十一章40節）」大學放榜前，阿比送我這句話。一樣是高中生，但阿比對神的信心，比我更往前一步。我信得遲慢，她信神為她安排最好的，信神永不會錯。她雖經過了地上短暫的苦楚，卻成就永遠重大的榮耀。

■黃綉婷（國立鳳山高中空軍中校教官）

菲比是我在鳳中服務時，遇見的一位很棒的寶貝。對她有印象是在她高二時，當時的她一頭捲捲短髮，很羞澀，她不在我教授及輔導的班級，總是一陣風似地拿著請假卡往她的輔導教官方向飛奔而去，蓋完章之後，再飛快地奔離教官室。後來她的教官因遷調而離校，她進教官室之後，茫然不知該找誰，我就索性大聲叫她：「菲比，到教官這裡來，以後都找我好了。」經常在大門執勤時，遇見菲比媽媽載菲比上學，目光交會時，我們三人會開心會心一笑，菲比是那麼靦腆、那麼害羞。

後來接到他校一位主任教官的電話，告知他們學校有位老師發生車禍，截肢後整個人相當萎靡不振，希望透過我聯繫菲比，請菲比和那位老師聯繫，並給予打氣。當我跟菲比提及這事時，她一口答應。當時我很感動。有天菲比很著急地找我，她告訴我，當初請她聯繫的那位老師，前一晚和她的對話裡令她心理忐忑不安，希望我聯繫該校主任教官趕緊去關心，感謝菲比的通知，危機很快解除。我和菲比應該就是那時成為FB好友，她是一位很棒很美、上帝派來的天使。菲比，妳真的好棒。教官會把妳的故事傳達讓更多的孩子們知道，並向妳學習。

四部曲 | Episode IV

生命之歌——把愛傳出去

施比受更為有福。——使徒行傳二十章35節

要愛鄰舍如同自己。——雅各書二章8節

陳建州先生和我

文茜小姐和劉若英小姐來看我

東吳大學禮堂獨奏表演

Edu Talk「看見求學之路」演講

1 分享的祝福加倍的多

大學新鮮人的生活，我經歷了許多生命中的第一次。第一次參與「青少年截肢勵進會」在國父紀念館舉辦的公益走秀；第一次參與廣播主持人劉銘先生帶領的「混障表演團」，在東吳大學禮堂表演鋼琴獨奏；第一次參加本校英文系話劇比賽，得到最佳女配角獎。第一次參加校內各項公益活動，例如「爲愛發聲」、「資教之夜」、「感恩義賣」等。

最讓自己感到驚奇的第一次，是二〇一六年四月十七日應邀到教育部主辦的「Edu Talk」演講。那次我演講的主題是「看見求學之路」，之後陸續有人邀請我去各地分享生命故事。我去了花蓮門諾醫院、嘉義協同中學和台北新生命小組教會等不同單位演講。在Edu Talk 那次演講，不期然地讓陳文茜小姐注意到我，從此她就成了我生命中的

貴人。這次演講也促成了我和蔡淇華老師的師生緣，很慶幸教育部 Edu Talk 開口演講為我帶來這麼豐盛的後續祝福。

感謝陳文茜小姐把我的〈看見求學之路〉講稿整理，刊登在二〇一六年六月三日《文茜大姐大微文庫》中，「不怕慢，只怕站」是這篇文章的主題，也是我和偶像的第一次邂逅。

看見求學之路——不怕慢，只怕站

大家好，我叫柯菲比。今天，我要跟大家分享什麼是適性教育（個性化教育），以及在適性教育之下，我特別的人生「看見求學之路」。為什麼要看見求學之路？事實上，每一個人走的路都不一樣。

求學是什麼？可能是從小學開始、一直到初中、高中和大學，除了才藝班、安親班、補習、交朋友、考試這些之外，好像就沒有什麼別的了，一條普通單純的路。但我的歷程跟別人有點不一樣。出生兩個月之後，全家就搬到了菲南（菲律賓南部），爸爸形容那個地方，像四十年前的台灣一樣，落後、貧窮。

爲什麼我們會搬到這裡？我的爸爸，一位清大畢業的工程師，因著理想和信仰，毅然決然地成爲傳道人，帶著我們全家到了菲南，我在爸爸身上看見如何通過服務別人，改變別人的人生。那個時候，媽媽除了帶著三個孩子之外，還讀研究所和擔任當地的華語老師。我也在媽媽身上看見，原來學習這件事情就是永不放棄，不管在什麼環境之下，都繼續學習。

菲南的人民熱情又單純，我們很快地融入了當地，從膚色上看，我們跟他們已經沒有什麼分別。那時候，我在菲律賓讀了幼兒園，學會了菲語和英語，直到四歲，全家才搬回台北。很遺憾，現在的我，菲語已經全忘了。可見學習這件事不能停止——萬一停止，可能全部歸零。

在我六歲時，全家又從台北搬到高雄，我在那裡度過了小學到高中的時光。小學時，我參加過資賦優異學生縮短修業年限的考試，簡稱跳級考。但是，一直沒有跳過數學這一科，只跳了國語、自然和社會。小學六年級，我決定免修兩科。免修時，別人在教室裡上課，我就去圖書館讀書，書不一定是國語或者社會，也可以是自己喜歡的小說，但我也提前把國一的課本都讀了一遍。那個時候，我認識到自習是一件非常重要的事，以及學著如何規劃自己學習的腳步。

之後，爲了參加全市的寫作比賽，我利用一個暑假的時間，在林春秀老師的幫助下，每天進行寫作集訓——一天寫一篇文章，沒有寫完就不回家，寫完之後，老師當場修改指導。暑假過後，我的寫作能力突飛猛進，原本和一般小朋友一樣的流水帳，終於知道抓住重點。

到了國中，我積極參與班級事務，擔任各種組長、小老師，也參加過直笛團。雖然不擅長體育，可是當過體育組長，非常不擅長理化，可是當過理化小老師。這時候，我學習到不管多害怕一件事，都要勇於嘗試。可是，初二那一年，我的右肩痠痛，檢查出罹患骨癌。骨癌這種東西很奇怪，它偏愛的對象是青少年。那時候的我才十三歲，就要面臨休學的窘境，還有很多的化療和開刀。

我是一個非常熱愛學校、熱愛學習的孩子，對我來說，上學不是一件苦差事，學校也好像我的遊樂場，那我該怎麼繼續我的學習？

「床邊教學」爲我開了一扇窗——我在家中讀書，學校的老師會來爲我上課，或者在醫院時，榮總（兒童骨癌醫院）的老師會在病床邊爲我輔導。「床邊教學」讓我明白，就算我生病了，學習還是可以不用中斷，即使是在醫院的病床邊也要繼續。

我有一個心得，「不怕慢，只怕站」——我永遠不可能跟上學校教學的進度和同學們讀書的腳步，但是我抓住了一個信念，至少我沒有站在那裡放棄讀書，不去學習，我還在努力中，慢慢地走下去。

往後的生活就像一個階梯圖：國二時，每個月在醫院二至三週，做化療，在家中一至二週，修養身體。修養時，老師會在家裡爲我上課，只是每一科每一週只有二小時，剩下的時間我該怎麼辦？我永遠都補不起來？所以，我制定了讀書計畫。直到國三，醫院的療程終於結束了，我在負責高雄市「床邊教學」老師的幫助下，每週有五科老師爲我上課，在六個月的時間裡補好了國二、國三，共三個學期的大洞。雖然我的基礎沒有像其他人一樣紮實，可是後來我還是申請到了鳳山高中。

當時的「床邊教育」還爲我設計了「家庭聯絡薄」，裡面記錄下了我的治療和學習的情況。我在上面畫過假髮，它對一個愛美的我來說很重要。即使之後，回到學校，我也沒跟同學說「我戴了假髮」，就這樣子矇騙過去，直到頭髮終於長出來。我還在上面畫過氣球，我在醫院時發的可愛氣球。這些點滴、這些看似不重要的小事，在「家庭聯絡薄」裡成爲了我珍貴的回憶。「床邊教學」它記錄並陪伴了我生病的所有過程，它是一個除了課業以外，令我學習更多事情的契機。

但是，在升高一那年的八月，我骨癌復發，必須截肢，只好申請休學，但休學三週後，母親又幫我辦了復學。非常非常幸運，又在三個學期的「床邊教育」之後，我終於回到了普通高中。但是，那時侯的我才截肢三個星期，所以遇到了很多困難，請假時數太多、健康狀況不穩定和課業非常繁重。

高二的時候，一次段考要考十科，我該怎麼準備？不擅長的數理化，我該怎麼補習？還有高中同學間的小圈子，我該怎麼融入？

這個時候，來自學校和同學的支持非常重要。在我入班之前，班導給了我入班宣導的機會，同學也了解我的身體狀況；特教老師會爲我的情況和各科老師做好協商，比如我只能盡量參與學校的體育活動。每個學期，學校都會開設身心障礙學生個別化教育計畫，讓每一個老師了解我的狀況，並且有一個妥善的評量方式。

到了高三，我爲期一年的心理治療終於見效，我的心理治療師，爲我解決了很多問題。比如，我無法開口向同學尋求幫助，而她一步一步地帶我闖過這關，讓我看見，原來我和同學沒有不同，原來我也可以交到朋友。

之後，我不但交到了朋友，晚上時也會和他們一起留下來自習，準備學測考試，也準備大學身心障礙學生的加分申請，最後甄選上了東吳大學。

拿到高中畢業證書的那一刻，不論是我，還是班導都充滿了感動，作爲應屆畢業的我，這一路走來非常非常的艱辛。

在我的生命中，正因爲有許多貴人，我才有可能接受挑戰、克服困難。生病後，我嘗試過很多不一樣的東西，例如籃球課的時候，跟同學一起參加投籃考試；利用休閒的時候，作詞寫文章；在音樂方面，雖然我沒辦法再用兩隻手彈鋼琴，但還會參加音樂會，在校園合唱團中擔任女高音。

高三時，我也得到了文薈獎、特教達人和奮發向上獎，這些都是因爲生命中的貴人，才有可能得到。

很多人會把資優教育、資源教育分開來談，他們好像有一條非常明確的分界線，但事實上，不是這樣的，兩者我都曾運用過。它們都是爲著學生的適性教育而存在的，兩者融合，一個學生才能夠在他的求學之路上，有適合他的學習方案。

高中畢業後，我一個人拿著行李到了美國加州，開始兩個月的學習。班上有很多國家的人，對他們來說，學習是放鬆的，不需要苦讀，知識自然就會進來，只要接受就對了。接著演講也進入了我的生命中。

這一路過來，我覺得求學就是自己想要什麼就去拿，自己想讀什麼就去試，不是一件苦差事。很感謝老師、主任還有教官的幫忙，謝謝大家，你們是我求學之路上的貴人。

2 再次遇見文茜

因骨癌復發手術，住院化療的我，在我二十歲生日前夕，我所尊敬的文茜小姐來病房看望我，當晚她在《文茜的世界周報》以〈再次遇見菲比〉爲專題，寫下了我的故事。

文茜的世界周報　二〇一七年五月二十八日

她的人生已經歷了一段艱苦的試煉，如果疼痛是主的話語，她的語句尚未結束。以下是七年前的故事，當時的菲比獨臂精靈的故事，已感動周邊許多人。

七年前，菲比才剛剛踏入青春，不過十三歲的孩子，卻已失去起飛的翅膀。她罹患骨癌，且由於拖延病情，轉診至榮總陳威明醫師手上時，已經必須截斷一個手臂，才能保住性命。

她曾經是一個愛彈琴的女孩，擁有美麗的臉龐，但所有人類曾經創造的各種音符，都保不住她彈奏的手，她必須「捨」。「捨」的中文字體本來就是一個提手邊，她得捨掉一隻手，抹去生命中許多猶豫，才能留下生命的可能性。她接受了手術。

歷經骨癌折磨後的獨臂菲比曾經寫下如此早熟的詩句：「不要說我堅強，讓我哭得釋放，不要說我堅強，你們的擁抱讓我不再受傷。」

這是柯菲比在國二，才十四歲罹病時創作的詩歌〈不要說我堅強〉。手術後，她沒有放棄音樂的熱情。繼續鋼琴創作，在詩歌、宗教以及親友的陪伴下，她漸漸步出罹病的陰霾。

菲比在五歲時即學習鋼琴，語文方面表現也很突出，國小時甚至因成績優異而跳級，畢業時還獲頒議長獎。國中病發後申請在家自習，一邊手術、化療，一邊自學，順利進入國立鳳山高中音樂班，她堅毅和勤學的態度，讓師長感動萬分。

高中體育課時，菲比不屈於身體限制，勤練單手投籃，順利達標。她不只沒有退卻，游泳課時更是反覆認眞練習，主動要求和同學一起接受測驗，積極面對每一個課程。

七年前，十四、五歲的菲比已接受多次化療和七次全身麻醉的大小手術。大學學測前夕，她以〈打開生命的抽屜——K館的抽屜〉爲題，描述自己因參與學測而在學校圖書館苦讀的經歷，報名參加全國身心障礙者文藝獎，不但獲頒文學類學生組文薈獎，更獲選爲「教育部一〇四年度特教優質達人」。

之後，菲比又加入了合唱團，並受邀在「校內聊心花園」的音樂會中演出，她用歌聲笑容感動眾人。

高中畢業後，菲比進入東吳大學英文系。接著她蓄勢待發，準備迎接另一段旅程，她曾經說，如果可以和多年前的自己對話，她會說：「妳做得很棒，我很愛妳。不要害怕，妳會活得很好。」

七年後，我在榮總兒童癌症病房，遇見菲比。幾年前，我們只是在這個園地分享她的故事，如今，我們再次遇見了她。

她的骨癌罕見歷經七年，又病發了。青春的肉體，又再度經歷一場大手術，一個又一個人工皮，貼在她健康、亮麗、性感、美麗的肩膀上。

陳威明副院長問她，不痛了吧？她顯然還在疼，但是表情與動作完全分離，點了頭，卻一臉猶豫。

生命的故事有時候實在太殘酷，多少試煉才足以向主、向上天，證明人對生命的渴望？

多數的人在菲比的狀態下，可能已經崩潰，或是憂鬱，憤怒。而她遇見我們時，只是靜靜的和眾人一起禱告，微笑聽著拜訪者的合聲歌唱，然後小聲地告訴我：謝謝幾年前，世界周報的Facebook轉貼了她的故事，給予她很大的鼓勵。

「人間安好」，對一般人是平凡、低調的願望，對柯菲比卻是很大的奢望。光明的生命態度塑造了她，命運卻幾度把她推回黑暗中。

沒有幾個人有能力承受這種來來回回的試煉。但我彷彿在菲比精靈的臉上，仍然聽到輕微卻果斷的聲音：「有一點是明確的：我仍有值得等待、值得尋求的東西。我可以度過。」

請用我們眾人的愛，分擔她的痛苦，那怕一絲絲的溫暖，都不要吝惜。因爲如菲比般勇敢的兒童癌症患者，每天都是以一絲又一絲的期望，努力串連成力量，熬過，碾過、痛過，然後微笑迎接命運的安排……。

菲比，加油！我們都愛妳！因爲：妳，值得！

3

後來，風雨貴人來

文茜小姐和林瑠美牧師（顧師母）來看我的隔天，就是我的生日。也不曉得是第幾個住院日了，二十歲生日悄然來臨。

記得十七歲生日，高中同學來家裡幫我慶祝；十八歲生日，我收到愛琴海彼岸寄來的告白；十九歲生日，力恩親手做了三十一顆愛心巧克力寄給我；二十歲生日，因爲還在住院中，本想低調度過，沒預料到的驚喜，是文茜小姐請天使送禮物到病房給我。那天我在日記中寫道：

今天充滿驚喜，眞的樂了！早上力恩突然給我一個紙袋，原來他買了小木質水獺燈，當生日禮物送我，小卡上的生日快樂寫成「生日樂了」，又買壽桃給我，原因是他覺得是粉紅色的很可愛！快把我笑死了！

下午媽媽買了我最愛吃的鬆餅當下午茶，原本以爲幸福的一天就這樣落幕了。五位護理師的卡片也超溫馨，她們爲我唱生日快樂歌，眞是感動萬分。

傍晚我睡了兩小時，晚上吃過飯後 都已經過八點鐘了，不料竟有新生命小組的顧師母，率領一群天使們在當天晚上八點多，來到病房爲我慶生，讓我度過一個難忘的二十歲生日。

顧師母表示，她是受文茜之託而來，她說文茜特別強調：「二十歲生日對女孩子意義重大，一定要幫她慶祝。」

再次感謝您們，我生命中的天使們！

二〇一八年二月十二日，百忙中的文茜小姐帶著劉若英小姐，在我心臟手術後來到病房看我，這是心目中的偶像第二次來探望，讓我有受寵若驚的歡喜。我很欣賞劉若英小姐，看過她主演的電影。在徹骨冰冷的氣候中得到心中偶像帶來的溫暖碳火，給我莫大的勇氣和安慰。感謝你們，我生命中的貴人。

文茜和劉若英小姐來看望後，在《文茜的世界周報》寫了如下的報導：

文茜的世界周報　二〇一八年二月十二日

一個寒流，接著一個寒流。對菲比而言，這些字眼指的不是天氣，而是對生命的考驗。生命的寒流，一個接著一個考驗她。是的，我們平常多麼容易對自己使用「考驗」這兩個字：一點事業挫折，無聊的人事糾紛，功課差了一點點……我們就把它當成天大的挫折，並且稱之爲：考驗。菲比才二十歲，她的考驗是：活下來。

年紀輕輕，得了罕見骨癌，幾年前她歷經化療、手術，活了下來。美麗的臉龐，伴隨堅強的意志：因著對主的信仰，她一直相信自己可以度過。菲比彈得一手好鋼琴，鍵盤流過指尖，如果有痛，她把痛抒發其上。骨癌治療之後，她考上了東吳大學，並且有了一名異國男友。

她以爲生命的寒流過了。

當時生命像跌落的夕陽，再次升起，她的愛情故事也越來越動人。

然後在某個夜間，那個熟悉的疼痛突然回來。皮膚曬得健康麥色的菲比，把自己交給主，重新回到榮總兒童癌症病房，面對新的考驗。

是的，她的骨肉瘤經過幾年頑強的抵抗，又復發了。

那是去年吧，五月，我們第一次遇見她。這麼美麗的女孩，我當時相信她可以躲過的，上帝給了她許多，也考驗她太多，上帝會保佑她度過再一次治療。

猶記一年前，她的眼睛充滿陽光……

微笑的雙眼，散發令人沈醉的香味……

命運的手殘忍撕碎美好的祝禱，菲比必須截肢她的右手，才能保住命，而那是一個鋼琴家的手……

接下來，手術發現菲比的癌細胞已經擴散至心臟，再動第三次手術嗎？

這是菲比的考驗，也是醫院內的辯論。她勇敢選擇接受了再一次大手術的考驗，也準備接受日後的答案。

星期天下午和新生命小組教會及劉若英一起到榮總兒童癌症病房探訪病童，包括菲比。

菲比高興地和奶茶合唱著：〈親愛的路人〉、〈後來〉……

其實我們對後來的感嘆，不過就是些小情小愛；而菲比面對的後來，是生命未知的答案。了不起的是她仍有期盼，在歌聲中，後來，她快樂的笑了。突然明白一個人可以有「後來」，不管答案是什麼，已是天大的幸福。

嚴長壽先生說：「要作自己和別人生命中的天使。」我的生命對社會貢獻很少，一路上卻得到很多貴人的幫助與關心。在醫療過程有許多醫護人員的照顧救護，在求學過程有許多師長同學的扶持，在每一次生死關頭有許多人爲我代禱，每一個愛我的人都是我的天使、我的貴人，如果沒有你們，我無法走到今天。

二〇一一年五月初，我剛到93病房就認識「生命無懼關懷協會」的Dora媽咪——我生命中的另一位天使。Dora在我來93報到前，已經移民天堂。雖然沒有親自看過她本人，但曾經看過陳建州哥哥的公益短片《Love Life》，我對Dora並不陌生。Dora的故事可以改變許多人的生命，把悲劇變成愛的力量。

我覺得能成爲一個改變生命、挽救靈魂的人，不管在世上活多久都不會是悲劇，反而是充滿恩典的故事，神的慈愛會繼續藉著故事來做工。也因此在我二〇一七年骨癌復發之後的九月天，某晚因疼痛無法入睡，我跟媽媽促膝長談。

「當我離開世界，我想跟Dora在平安園，我想跟她在一起。」

「妳會完全康復的，先不要想太多……。」

「等我到天堂後，希望妳可以像Dora媽咪一樣。」

「像Dora媽咪怎麼樣呢？」

「Dora媽咪在Dora成爲天使後，把Dora的生命故事分享給更多的人，我希望在我死後，仍能繼續活著，我要像猶太少女安妮和Dora一樣，在安睡以後繼續以生命影響生命，幫助更多人。」

「我不是一個勇敢的媽媽，但媽媽會記住妳今天說的話……。」

《聖經》上說：「施比受更有福。」在這短暫的人生，我受到太多人的照顧，想到自己對社會貢獻不多，有時心裡難免著急，希望我不負此生，很希望自己能夠成爲別人生命中的天使。

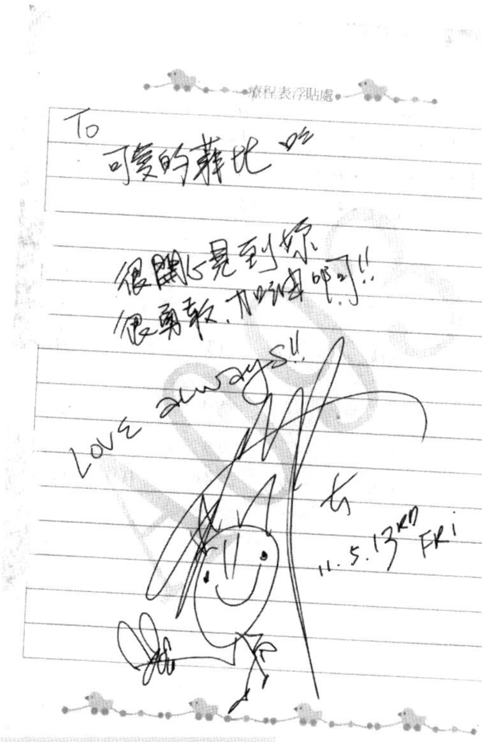

彭于晏給 13 歲的我的親筆簽名

4 病房遇見大明星

93病房有一個特點，就是稍不留意，就有明星出沒。第一次在93病房看到的明星是彭于晏Eddie，那時我才十三歲。他每次來都會帶甜甜圈給我們，大家叫他「甜甜圈葛格」。他有新片發行也會包場請我們去觀賞。電影《翻滾吧，阿信！》剛殺青時，「甜甜圈葛格」來到病房看望，當時還沒上高中的我，擁有許多不成熟的夢想。

他問我：「等將來病好了，妳想做什麼呢？」

我回答：「將來我也想拍電影。」

他說：「拍電影太辛苦了，妳看電影就好，拍電影這事讓我來做！」

小時候我和同伴演聖經故事，覺得自己演戲頗有天分。我以爲甜甜圈葛格會說：「Good job……」「Dreams come true……」之類的鼓勵，沒想到他的回答出乎我意料之

外。小小年紀的我，一派天真，只看到螢光幕上的絢爛，卻不知道這是在背後累積多少辛苦和大量時間得到的成果。

很佩服Eddie的進取與敬業精神，他每拍一部片，就訓練自己多了一項技能，他不但人長得帥，還是個心地善良的大好人。他跟93病房許多小朋友都成爲臉書好友，完全沒有明星架勢，盡量擠出時間關心這群與死神拔河的孩子們，典範值得效法。

「黑人」陳建州先生和「范范」范瑋琪小姐也常到93來，黑人和范范在我來93病房報到前，曾經花了三年多時間在93病房拍攝公益短片「Love life」呼籲大家珍愛生命，永不放棄。我喜歡范范的氣質，持續在網路上關注范范當媽媽的溫馨片段。黑人也包場請大家去看他配音的勵志卡通電影《閃電麥坤》，電影片段中提到：「當沒有人覺得你會贏時，就對自己說『我是車手』吧！當你讓出自己僅有的，給那些不曾擁有的人，反而會帶給自己意外好的結果。」看完閃電麥坤，我對自己說：「只要還有機會，我會全力衝刺到底！」

有一次美女舒淇出現在93，一些年輕醫師們聚集搶著跟她合照；我聽到她微笑著問身旁的護理長：「要不要提醒他們回去照顧病人了？」這句話讓我頓時對美女明星油然產生敬意，覺得她是屬於秀外慧中型的。

王力宏也多次招待93的我們，參加他的演唱會。有一次他還特別向病房的孩子們和家長致意，並在結束時跑來跟我們拍照，讓孩子們驚喜並且感覺窩心。

當時的我很不愛上鏡頭，總是戴著口罩，遠遠避開攝影機。就連社工師小玉姊跟我說：「馬英九總統要來93聽妳彈琴，可以嗎？」也被我拒絕。拒絕總統來看我，倒不是我對馬總統有意見，乃是當時眞的討厭攝影鏡頭。青澀靦腆的我，其實對拍照、上電視之類都很排斥。考學測時忽然有媒體來訪問攝影，還一度影響我應考的心情。

獲得教育部文薈獎和特教達人之後，媒體報導了我的故事，然後走在路上就不時有人跑來跟我說：「妳的故事鼓勵了我！」或說：「妳眞的很激勵人心！」既然可以幫助別人，何樂而不爲！漸漸地，我不再躲閃媒體，有時還主動接受採訪，因爲我想要用生命影響生命，用愛改變社會。

還有許多藝人明星如《我的少女時代》的男主角王大陸，和兒童節目主持人草莓姊姊等，都來過93看望病童，他們給沉悶無聊的病房帶來歡樂，讓孩子們暫時忘記病痛。

還記得王大陸當時很貼心送我《小王子》的手提袋和檔案夾，精美典雅的文具用品，讓人愛不釋手。氣質小生送的禮物那麼帥，我差點想跟《小王子》裡的那隻狐狸一樣，對他說：：「請豢養我吧！如果你豢養了我，我的生活就會充滿明媚的陽光！……請豢養我吧，我很想能被你豢養，非常非常的希望！」不過我猜王大陸先生會跟小王子一樣爲難地回答我說：「我也想。……但是我沒有時間……。」

其實我並不是個貪心的人，縱有弱水三千，一瓢飲也就足夠了。我已經是力恩王子獨一的狐狸，也是他那朵獨一的玫瑰，力恩是我唯一的王子，我也是他獨一的公主。

啊！我扯遠了，現在言歸正傳，總而言之，我認爲公衆人物實際關心病童的行動，無形中提升明星們的內在境界，也能喚醒衆人對弱勢團體的同理心。

5 今天就是幸福

罹癌帶來生命中不能承受之重，那是一種缺憾，久了內心就有產生鬱悶的感受，但藝術可以將情緒釋放出來，所以讀書之餘，我寫歌記錄生命，同時發現能夠轉化心情，也希望能把這股音樂的力量，帶給更多人。

當初癌症復發住院期間，接到兒癌基金會副主任佳玲阿姨電話，要我幫忙寫基金會三十五週年會歌的新歌詞，我一口答應，並在半小時內寫完〈今天就是幸福〉寄給她。之後蘇打綠團長阿福哥拄著拐杖，帶著腳傷和佳玲阿姨來看我，他們來了好幾次。感謝佳玲和阿福哥，一直忘了跟阿福哥說：力恩可是蘇打綠的忠實粉絲呢。

後來我聽說〈今天就是幸福〉是從幾百首應徵的歌詞中被選中的，當下有點被嚇到，覺得非常榮幸。

參加週年會慶當天，團長阿福哥總是默默在背後當黑衣人，低調的做事、跑來跑去、在舞台上看不見的角落彈吉他，但我心中感覺得到，最爲活動感到驕傲的，就是團長阿福哥！

在達斯克巨人樂園，聽一群充滿希望的孩子們唱著我創作的歌曲，這在幾個月前還是小夢想之一，但如今很神奇的實現了，我很感動。自己能參與眞難得，小朋友們都唱得很有活力不怯場，謝謝你們的精采表演，台灣的孩子們是幸福的，因爲有你們！

和阿福哥討論音樂上的事完全沒有壓力，人眞的超nice，編曲超級用心，也很尊重我的想法。另外王伯源Michael哥哥也幫了很多忙。寫這首會歌時，我有一幅圖畫，裡面有一群人圍成一個圈跳舞，包括光著頭的、包著頭巾的、國小生、高中大學；也有父母和長輩、兒癌基金會工作人員、志工、愛心捐款者，大家仰著頭看著煙火，還有天上的小天使在陪伴我們，嘉年華內有除了前部分那種興奮動感的節奏，也有溫馨感人的氣氛。兒癌基金會促成我們圍成了這個圈，在手牽手的同時，也把希望和幸福牽了起來。

這首歌的首場演唱是在二〇一七年七月二十九日於華山站貨場，由抗癌小勇士組成的「希望合唱團」演唱。

今天就是幸福 詞：柯菲比／曲：阿福（蘇打綠團長）

走吧　讓想像力帶路
穿上夢幻　乘上勇敢
走吧　感應微笑入場
不讓懼怕飛得凌亂
掉了眼淚我會堅強擦乾
拚了全力我會勇敢實現
繽紛的夢想

（副歌）
今天就是幸福　畫個圓圈來跳舞
大手和小手緊握　用天使翅膀守護

今天就是幸福　心中用愛去祝福

夢境中絢爛煙火　照映著天空下　你我

（旁白）

用自己的翅膀　飛向屬於你的一片天

用希望的翅膀　飛出困局　迎向未來

生命是無法預測的　用樂觀的角度想

生病的經驗　使我體會到生命的可貴

面對這趟旅程　我知道我和他人有著不一樣的故事

所以我會變得更有勇氣　更堅強

改變　使我煥然一新

改變　使我重生

因爲缺憾　讓我明白了很多事　也能懂得珍惜

因爲珍惜　讓我身邊開始變得不一樣

謝謝你　因爲愛而珍惜

我很感謝我的過去　因爲過去　才擁有現在的我

想聽更多，請掃 →

6 更高之地

每個人小時候都有自己的夢想。長大後的人生，或許各有艱難或滄桑，但是不忘初衷，朝向目標去攀登另一座山，讓自己踏上更高之地，則是我今生無悔的選擇。這就是我寫〈更高之地〉的心境，康復路迢迢，有神同行我不孤單，也沒有懼怕，我將踏上更高之地，看到更遼闊，更美好的人生風景。

後來Dora媽咪跟我說要錄下我的歌壓成光碟，眞的很感謝她這麼用心，並且在錄音時爲我拉大提琴，也感謝德威弟兄厲害的編曲，還有將所有細節處理好的子萱姊。

雖然錄音時我剛做完化療，身體狀況不佳，唱歌也中氣不足，但是可以全力以赴完成錄音，覺得好開心！

每當我聽到自己創作的歌，就想起高三時那個充滿力量的我，有著準備升大學的期

待以及隻身前往美國西岸旅行的獨立與自信。純眞的自己是最無懼的，喜歡那個隨時準備好要冒險的自己。

閉上眼靜靜聆聽自己的歌，彷彿能感受到家人與朋友們雲彩圍繞般的愛，我唱著上行之歌，心中嚮往屬於我的美地。和Dora媽咪在湖光教會分享我的故事和歌曲那天，台下許多人都流淚了，我自己也好感動。以下是我分享的內容：

在我最軟弱時，媽媽告訴我約翰福音十一章40節：「你若信，就必看見神的榮耀。」我憑著信心往前，要看見神的榮耀在我身上顯出，當我攀過一座又一座的高山，卻發現前方還有更高之地。我寫了一首詩歌——更高之地，說明這一路走來，前往夢想的道路上，覺得主與我同行，不管困難再怎麼大，最後還是成功翻越一個又一個山嶺。

在我做化療的時候、晚上一個人面對開刀後神經痛的時候、一肩背起沈重書包的時候，每一個時刻都感受到神的同在，在我這個軟弱的人身上還是能看到一點神的榮耀吧。

做過二十三次化療、三十四次放療；也做了很多生病前想不到的事：雙主修英文系和社工系，寫過八首歌，喜歡利用寒暑假自助旅行，用不同視野看世界，去過菲律賓、中國、美國、杜哈、希臘、日本，最近入選爲癌症基金會的十大抗癌鬥士。

很多人説我的故事療癒了他們的心。我想跟你們分享：

再長的道路走下去就會走完，再短的小徑不邁開步伐還是在原地。我們一起陪伴著彼此。我想和正在高山低谷的你説聲一起加油：「走下去，就會勇敢了。」

更高之地 作詞／作曲：柯菲比

主阿　感謝祢的帶領　幫助我　扶持我　翻越山嶺
身邊雲彩　隨我前行　同奔走屬天路　肢體配搭絕不稍停
我要踏上　更高之地　我要同祢站立
我要仰望　觀看侍立　得應許之地　不放棄
耶穌　耶穌我主
主啊　主啊看顧

想聽更多，請掃 →

給親愛的菲比

■陳美秀（高雄市召會青少年服事姊妹）

菲比很懂事，很喜歡召會生活，到鳳山不久就和青少年相處得非常好。她常常在會所練鋼琴，那個纖細恬靜的背影，到現在還深深的刻在我的腦海裡。

我自己曾經得著詩歌的醫治，深知詩歌撫慰人心的力量。有一天，菲比又在會所練琴，我問她，想不想寫詩歌？我可以陪你。菲比笑著說：「好。」過幾天，菲比打電話給我，說要彈一首詩歌給我聽。這就是我們合作完成的第一首詩歌——不要說我堅強。

這首詩歌高雄的青少年非常喜歡，也激勵了很多在軟弱中的弟兄姊妹。為了鳳山每年暑假的青少年詩歌福音聚會，在鳳山的青少年也操練寫詩歌。菲比就譜了經文詩歌〈我往哪裡去躲避你的靈〉。接著在她高三下學期譜了一首曲，原本是要作為鳳山高中畢業姊妹們的畢業詩歌，後來詞來不及完成，一直到她上台北讀大學才填了詞，完成這首〈更高之地〉。而這三首詩歌恰恰也是菲比生病以來屬靈經歷的記錄。

第一首詩歌〈不要說我堅強〉，她向主承認她的軟弱，並且對主發出一個最深的呼求，祈求主耶穌來安家她的心房。第二首詩歌〈我往哪裡去躲避你的靈〉，她發現，原來是主愛她到底，不管她在哪裡，經過什麼環境，主無處不在，主也一直都在。第三首詩歌〈更高之地〉，菲比更經歷了這位救主，不僅在環境中與她同在，更是把她帶上更高之地的那一位，在這個超越的地位裡，她能同主站立，有得勝的應許。

為了這個得勝的應許，主把菲比做成火種，甚至是一把火。正如主在路加福音十二章49節說的：「我來要把火丟在地上，若是已經著起來，那是我所願意的。」主藉著燃燒菲比，產生屬靈生命的衝力，使凡碰著的，都被燒起來。而她自己也如同燔祭被燒成灰，蒙主悅納。

在菲比〈打開生命的抽屜〉這篇文章裡，她把自己藏在佐依這個角色中，當佐依面臨截肢的掙扎時，她心想：「全身麻醉後身體的分離真的會沒有感覺嗎？右手是不是就這樣提早上了天堂，以後去了天堂可不可以再裝回來？」我想說：「菲比，妳不僅是力恩弟兄美麗的佳偶，更是主耶穌榮美的新婦，妳已經全然美麗，無瑕無疵的到主那裡去。」

今天，凡認識菲比的，都能見證她所活出的生命奇蹟，更看見這美好生命的設計者與塑造者——基督耶穌。願這生命繼續湧流，成為眾人的祝福。

■周世倫（紀錄片導演）

認識菲比，真的是神的巧妙安排，那一天我到景哥的錄音室，正好他在剪接菲比的MV，輕盈、柔軟的歌聲，吟唱著對主的頌讚與感恩，真是好聽極了。我問景哥，這是誰的專輯，我好喜歡這首歌。景哥於是跟我介紹了菲比這位小女孩。菲比是一位年輕的女孩，卻在花樣的年華時發現自己罹患了骨肉癌。菲比並沒有放棄自己的生命，也沒有咒恨她的信仰，相對的，她更愛主。逐步完成一連串的創作，她要以自己的歌聲用自己不屈服的生命力，頌讚主的名！

終曲 | Finale

惜別之歌——剎那即永恆

我們一生的年日……若是強壯可到八十歲；但其中所矜誇的，不過是勞苦愁煩，轉眼成空，我們便如飛而去。 ——詩篇九十篇10節

林瑠美牧師主持婚禮

TAIPEI 2017

FISU

29th Summer Universiade 2017
29e Universiade d'été 2017

TAIPEI
from AUGUST 19 to 30

The International University Sports Federation, the National University Sports Federation and the Organizing Committee have the honor and the pleasure to present this

La Fédération Internationale du Sport Universitaire, la Fédération des sports universitaires du Taipei chinois et le Comité d'organisation ont l'honneur et le plaisir délivrer ce

VOLUNTEER CERTIFICATE

CERTIFICAT DE VOLONTAIRE

to / à 柯菲比 KO FEI-PI

Duties / fonction 志工 Volunteer

Department / Département 志工中心 Volunteer Command Center

組織委員會主任委員	國際大學運動總會會長	大專體育總會會長
Wen-Je KO President of the Organizing Committee Président du Comite d'Organisation	Oleg MATYTSIN President of FISU Président de la FISU	Han-Sun CHIANG President of the National University Sports Federation Président de la Fédération Nationale du Sport Universitaire de

NO. C130049

世大運服務完成證書

東吳大學榮譽學士畢業證書

1

如煙火般燦爛

自從十三歲罹癌，生死這件大事，就時常在我心中百轉千迴，提醒著我要珍惜當下，因爲在剎那之間，不經意就可能成爲永恆。

有沒有那麼一刻，你開始思考人生要怎麼過？

在小學二年級時，班導在課堂上問全班一個問題：「如果可以選擇一個你想要的人生，你要活得很長卻平淡無奇，還是雖然短暫卻很寬，然後像煙火一樣很燦爛？」

我很貪心，也可以說從小野心很大，我心中立刻冒出兩個問題：一爲什麼只能選一個？二什麼是「很寬」？

老師看見一臉困惑的我們，立刻解釋：「平淡無奇就像有些人從年少活到老的時候，都待在同一個地方，一輩子都沒有發生什麼事；而生命的寬度就是你接觸的事物很

廣很豐富，成爲一個很有涵養的人，可能知道很多事情！」

我很愛舉手回答問題，第一個舉手說：「我當然要長命百歲啊！誰會想活得短短的？」沒想到老師回答：「不一定呀，像我的話寧願雖然短短的，可是卻很精采的人生，我不想要活得很老又很無聊！你們覺得呢？」當時八歲的我，純粹又簡單的想著：「我也想要像煙火一樣燦爛的人生，但我還是想長命百歲啊！」

二十歲的我，已然走過千瘡百孔的挫折路，每天在肉身的沈痛中入夢，在繼續逐夢的盼望中醒來。我要這樣回答自己：

1.生命的長度是神量好的；寬度是活在每個當下去創造的。

2.有幾發煙火就放幾發，能燦爛的日子我就不會白過。

3.沒有絕對的長，也沒有絕對的寬，也沒有選擇不選擇，如果不能活得長命百歲，我就當自己是一首比較短的歌，還是有一樣的藝術價值。如果可以活到一百歲，我就把自己人生當史詩一樣寫。

很高興秉持這樣的態度活著，讓我散發燦爛的光和熱，我沒有選擇煙火長什麼樣子，是煙火選擇了我。

我把它們放出去，然後對一切戲劇化的起落感到驚奇。

在生病治療期間，如何讓生命活久一點，曾經是我最大的考驗。在經歷生死的過程中，我常思考：「生命的本質是什麼呢？死亡又意味著什麼呢？生命帶來的是喜悅和盼望，死亡隨之的是悲哀與絕望⋯⋯。」然而眞的是這樣嗎？

大家還記得我的白頭翁小奇犽嗎？牠體質本來就弱，到了高雄水土不服，每天顯得病懨懨的。某天我們發現奇犽躺著一動也不動，牠死了。我們都哭了！我們把奇犽埋在樹下的泥土裡，哥哥還不時去挖出來看他還活著嗎？過了兩天，他終究不得不接受奇犽離去的事實。但是看著小樹一天天長高，似乎覺得奇犽已經成爲小樹的一部分，繼續陪伴著我們，和我們一同成長。

有位哲人說過，人類想要跨越生死鴻溝，唯有藉著無私的愛。在寵物身上我學會了以愛看待生死大事，這是生命的自然循環。我珍惜每個我們還能相處的瞬間，但是當有一天，我肉身朽壞，無論成灰或歸於塵土，都會化作春泥來護花，而我的精神依舊與你常相左右，你不必傷痛，你我也絕不相忘。

不管我們有形的生命是長或短，每個人的肉身終將死去，然而精神典範卻能永活不朽。中國智慧的老子說過：「死而不亡者壽。」因此我和猶太少女安妮有共同願望：「希望在我死後的日子，仍能繼續活著。」

一粒麥子不落在地裡死了，仍舊是一粒，若是落在地裡死了，會結出許許多多的子粒。所以死亡絕不是終點，乃是反映生生不息的生命現象。

我的女孩妳好嗎？

我的男孩你好嗎？

大家每天都要開心喔！

菲比會一直都在我們身邊

菲比在希臘靜靜地陪伴著男孩

我和力恩的婚禮

2 開心女孩

二〇一七年十二月三十一日跨年夜，沒有力恩在身邊，感覺分外苦澀寂寞！同學的關心也無法安慰我，沒有人陪我跨年，沒有人邀我外出；只有力恩在Skype上陪我一起看電影，力恩刻意挑選勵志影片，希望藉著激勵人心的劇情，給我更多的勇氣！

二〇一八年第一天的早晨，我的希臘男孩隔著萬水千山，在電話那頭說：「出去走走吧，我的女孩，不要整天悶在家裡。」我接受提議，外出散步。但沒走幾步路就發現呼吸很喘，深呼吸更是隱隱作痛。檢查發現心臟有陰影，醫師推論是血栓跑到心臟去了，好像有點嚴重的樣子。

在不知道怎麼做之前我心裡想著：「這學期我原本可以all pass的，現在必須有奇蹟發生，我才可能拿到學分了。準備好的寒假歐洲之行，也是要有奇蹟才能去了。」

如果生命只剩下幾個月，要做什麼呢？我姊告訴我可以寫信給重要的人們，但我卻下不了筆。因爲我不知道怎麼去描述我對大家的感覺，謝謝曾經給我美好時光的親友們。

我如果有感覺了，會回顧一下過去。不管是教會的朋友們，各學校的同學，摯友損友們，還沒有很熟可是知道心靈相通的人。哪一天哪個時刻曾經一起笑一起哭，一起度過青春的夥伴，我眞的很愛你們。

醫師團隊會診檢查後宣判：「菲比的右心房已經被血栓和骨癌轉移所侵犯了，要選擇風險極高且成功機率不到兩成的開心手術，或是不開刀讓心臟慢慢地衰竭。然而手術過程充滿危險，極有可能在手術台上就永遠離去。」

住院時，我的心臟每分每秒都跳得像溺水一樣痛苦，就算戴著氧氣面罩，每口呼吸都好痛。但我至少得先見到所有最愛的人，才能安心到手術檯上。我的心掙扎到隨時都以爲是地震了的程度，全身都感覺在震。然而在看見力恩前，我拒絕進手術室，我一定要見到我的男孩最後一面！

二〇一八年一月九日當天，心臟外科主治醫師認爲手術無助於康復，只是徒增病人痛苦；心臟內科醫師認爲手術可以延續病人生命，無論如何値得一試。就著是否要動這個手術，在醫師團隊中有不同的意見，而我的家人和我，更是在兩難之間，不知如何取捨。

一月十日，力恩帶著親手製作的，一張好大的卡片從希臘趕過來鼓舞我，因爲時間緊急還來不及做完的卡片，準備等我復原後再一起完成。見到力恩隔天，醫師說如果決定好要手術就可以開刀了，風險非常高、成功率只有兩成也都解釋過了，他用嚴肅的態度強調手術的嚴峻與困難度，我被推到手術房。全家人和力恩都在身邊，我放心了，也放下了，安心地進手術室。

姊告訴我，在麻醉以前要一直向神說：「我要活下去！」麻醉昏睡前我一直禱告著這句話，世界各地的許多聖徒都在爲我禱告。

家人說力恩在手術房外一直默默禱告，經過六小時的心臟大手術，不知道過了多久，當我在加護病房悠悠轉醒，力恩絮絮地對我說著：「我的女孩，永遠不要說再見，我們要一起規劃未來，有好多的計畫要我們兩人一起完成。」有了愛的鼓勵和衆人的代禱，我在加護病房只待四天，就轉普通病房，身上一根根插管順利拔掉，世界各地爲我的禱告仍在持續中。手術時力恩的媽媽馬利亞也在希臘的教會爲我禱告，她傳訊息說：「Love wins ! Love always wins !」。的確，「愛超越一切」，從手術的過程到我恢復的速度，眞的是個奇蹟。

終於恢復到可以有點緊地擁抱我的愛人，可以親吻他的時候不用戴呼吸管，甚至和力恩慢慢地並肩走在下著小雨的街上。我想更深刻把這一幕記在心裏，珍惜身邊的人事物。

在加護病房那幾天，我無法說話，心中的感動無法言喻。很感謝醫療團隊的努力，和所有爲我代禱的朋友們。癌症轉移心臟是非常罕見的，我是個預備好接受奇蹟的「開心女孩」。

回家看到熟悉的一切，我心中百感交集。「開心」手術前的危急，讓我曾經放下了一切，現在又得到機會可以和家人團聚了，這是劫後餘生的反射還是我的心靈又可以超越更多事了呢？我看淡了許多事情並對於人的情感更加珍惜了。

晚上就寢前，哥哥和我聊了好幾個小時。姊姊也把貓咪Oreo帶回家裡陪我。從我生病的第二年，姐姐陸續領養了美國短毛貓Oreo和橘貓Miso，我爲貓咪寫了一首「貓草」之歌。充滿靈性的Oreo像家人一樣陪著我，度過許多寒冷的冬天。有貓在床邊呼嚕入睡多麼幸福，應該養過貓咪的人都知道吧！我曾跟家人開玩笑，其實也是眞心的說，如果我走了，就把我存摺裡的五萬元都給兩隻貓當牠們的飼料費。

護理部副主任和護理長爲了慶祝我出院，請我和力恩及爸媽去吃希臘小館。在開動前，我下意識吐出心裡憋很久的話：「我好想跟力恩求婚！」

話一出口，我自己也嚇了一跳。

「好喔！我們幫妳預備一個盛大的求婚儀式。」副主任青青阿姨說。

護理長問：「爲什麼不是力恩跟你求婚？」

媽媽說：「菲比說過，力恩想等經濟能獨立時才結婚，他想給菲比盛大的希臘婚禮。」

護理長又問：「力恩難道不知道菲比的身體健康情形嗎？」

媽媽說：「力恩一直相信菲比會好起來，他想帶菲比回希臘。」

副主任問：「他聽得懂中文嗎？我們說這些話……」

我說：「力恩學了一點中文，他有可能聽得懂喔！」這時的力恩擁著我微笑注視著。

3

男孩的信心

手術奇蹟似地成功了！

從要開刀前就具備強大信心的力恩，幫助我度過每個時刻。希臘男孩覺得手術一定會成功，甚至覺得我不需要等到他抵達台北，才進開刀房，因爲我一定會醒過來。

當醫師說我可能只有六個月的時間，我的男孩也毫不在意地告訴我：「妳到八十歲還會是我的女孩。」

我問著：「那時候還看得到男孩嗎？你還會是我的男孩嗎？」

男孩理所當然地擺起一抹微笑說：「Sure! 當然！」

我跟醫師表達我的心願是，想要再去希臘一次。醫師的回應是：「太危險了。」男孩的反應是：「妳一定會去的，我會等妳好了，帶妳一起回希臘，妳一定要相信。」男孩的信心，不疑地往前。

一月底出院，經過開心手術的我，連呼吸都會喘，但我仍有一個夢想：去接受奧林匹亞殘障游泳隊員訓練。我一向喜歡游泳，力恩想帶我離開台灣，幫我實現這個夢想。在體力無法外出的情況下，我的男孩試著以激勵人心的影集鼓勵我，陪著我一起看，連續看了幾天，很遺憾沒看到結局，呼吸困難的我不得不再度回去住院！

力恩說：「這部影集的結局好棒，劇中的主角們終於明白，只要能夠坦然接受眞實的自己，就是最好的。如果菲比妳能看到，不知有多好！」

此次回醫院，醫師直接宣判：「菲比已進入臨終狀態，因爲腫瘤壓迫頸部的靜脈，隨時呼吸上不來就沒救了。」

我心想：「這一生還沒有爲社會做出貢獻，就要離開人間，眞覺得不甘心。我能給別人的生命帶下什麼祝福呢？」沈默了兩秒，我再次問主治醫師：「我想器捐可以嗎？」

洪醫師說：「妳的肝、腎等器官都被化療藥破壞了，能用的只剩眼角膜。」

我說：「那就捐眼角膜吧，最起碼我還可以幫助別人重新看見這個世界。」

我向醫師表明器捐意願，力恩和家人都認爲還不是時候，大家都不願提起此事，每個人都期待著我的康復。

力恩始終認爲我會好起來，他甚至對我說：「如果可以，我願意與妳交換生命，因爲妳值得活下去。」

勇敢的力恩在我面前從不流淚，他不想讓我看見父母的眼淚，更不願看見我流淚，他想再帶我去貓空、去碧潭。

「力恩，我的男孩，雖然醫師說我沒有機會了，但爲了你，我要奮戰到最後一刻！」

男孩的夢想是成爲一名導演，雖然希臘的父母不認同，他們擔心電影這條路太辛苦。男孩說：「電影可以幫我說出心裡的話，我也想將菲比的故事拍成影片。」

我相信男孩辦得到，我也想支持他完成夢想。

很抱歉，我的故事只能說到這裡了，不過大家不要擔心故事的結局，因爲我已經請求媽媽繼續把我的故事寫完，她答應要把我的故事傳下去，在我成爲天使之後，仍然能夠以我的生命故事，鼓勵某些正在受苦的人們。

4

帶著氧氣罩的新娘

當醫學對菲比的病情已經無能爲力，並直接宣判了死刑。菲比很不捨的轉向力恩說：「對不起，力恩，我無法陪你走到最後。」當時住院醫師請我們這些家人到諮商室談話。

住院醫師問：「菲比還有什麼未了的心願嗎？」

我說：「她一直盼望有個婚禮，但我們無法強人所難。我們很想給菲比辦個婚禮安慰她，卻難以啟齒要求力恩向她求婚。」

「力恩不是一直陪著她嗎？難道他不知道菲比的心願？」

「我想力恩應該知道，但是他認爲菲比會好起來，他要等到經濟能獨立時，再給她一個隆重的婚禮。」

「力恩需要正視現實情況，你們在這裡等我一下，我去跟力恩溝通看看。」就在這時候，力恩向菲比求婚了！

起初力恩覺得不論是否有結婚的儀式，他對菲比的愛都不會有任何改變，但如今察覺到菲比似乎命在旦夕、似乎再也等不到她的康復。他想到菲比曾經渴望有個婚禮，她不止一次透露出對婚禮的美好憧憬。

希臘男孩曾經想著，若干年後，他們會有個盛大又難忘的希臘婚禮。

力恩不相信死亡會那麼快速抓住年輕的菲比，但現在看著呼吸困難、幾近瀕死的菲比，他的心情無比慌亂，這是他第一次顯得那麼崩潰無助，他拿起電話撥給遠在希臘的媽媽馬利亞，力恩哽咽顫抖的聲音：「怎麼辦？怎麼辦？醫師說菲比快要死了！」

馬利亞心疼的對兒子說：「趁著還來得及，跟隨你心的指引，給她最終的承諾吧！」

於是在93病房，力恩深情地看著菲比，他對菲比說：「妳看著我、聽我說，我什麼都沒有，很遺憾來不及準備一個戒指給妳，我所有的，就是對妳無盡的愛，妳願意跟我結婚嗎？」

「我願意！」菲比立即接受了，雙眼噙滿喜悅的淚水。

當此時住院醫師進到病房看到這一幕，連忙去通知我們。他對我們說：「你們絕對想不到剛才發生了什麼事，你們最好自己去問力恩和菲比。」

毫不遲疑地，我們急忙從諮商室趕到病房。進到病房，力恩主動對我和菲比爸爸、哥哥姊姊說：「我們剛才訂婚了！」

我驚喜地說：「眞的嗎？恭喜你們！」

菲比一臉幸福的說：「是的，剛才力恩向我求婚了！」菲比爸爸立刻陪著力恩去買男士禮服，我也打電話請求朋友，幫忙預備菲比的訂婚禮服。婚期原訂在三月十日隔週的週六下午舉行，因爲病情惡化太快，就改在三月四日上午緊急舉辦了婚禮，幸好朋友蕙菁和瑋倫從中壢包車飆送禮服，及時趕上。菲比穿著全新禮服，和力恩在眾人的祝福中完成婚禮。

多虧了大家的幫忙，病危的菲比竟也能成爲美麗的新娘。

力恩在菲比的耳邊說：「We are married now. So no one can separate us. We will always be together. No matter what……」（此刻我們成爲婚配，沒有任何人可以把我們分開，不管發生什麼事，我們都會永遠在一起。）

菲比對力恩說：「力恩，謝謝你，此生我從沒有這麼滿足過。」和力恩訂婚的菲比，洋溢著幸福的笑容。

「謝謝妳給我一段終生難忘的愛情！」

婚禮舉行當天，陳文茜小姐在她的《文茜的世界周報》也發表了病房婚禮的報導，她說：

我想，她比許多人知道生命的眞相。當她正在經歷一生中最年輕、最受讚美的年華時，死亡突然推進，打開了她的門，這當然會使她感到吃驚。而相愛的他們沒有別人的天長地久，但什麼也不能阻止彼此互許愛的諺語。

十年前，菲比還很健康，人人都說她，好美。現在，生命之神特意再來告訴她：如今她比年輕時，更理解什麼是美。

與當時的面貌相比，菲比說她更愛自己已備受摧殘的面容和身體。因爲是這樣的身軀，讓她經歷世間少見的愛情。

它，使人們更明白愛。它，記下了過去，也留下了記憶。

菲比的婚禮，一個帶著氧氣罩的新娘：婚禮原訂下午一點三十分舉行，因爲病情急速惡化，提早至十一點。新郎在牧師見證下，抱著菲比傾訴對她的愛，才一小段時間後，菲比即必須躺下，戴上氧氣罩。但，那已足夠。菲比當然明白時間提前的理由，但在這個世界間的最後片刻她被濃濃的愛包圍，她甜甜微笑著。

她相信未來有上帝的接引。

5 道別

當得知菲比和力恩在病房舉行婚禮，忙碌中的文茜因婚禮臨時提前而無法趕來參加，隔天她和劉若英小姐聯名送了一大籃鮮花來祝賀。在菲比正陶醉在訂婚的喜悅和對生命的未知時刻，文茜第三次到病房看望菲比。

她說：「菲比，妳是幸福的，妳不但有這麼好的家人愛妳，還有這麼棒的力恩陪著妳。很多人也生病，卻不一定這麼幸運，有這麼多愛他的人陪在身邊。」

菲比說：「我的確是幸福的，我什麼都有了，我好幸福。我好愛好愛很多人，好感謝很多很多人。」此時文茜把一只一克拉鑽戒拿出來送給菲比。

文茜又說：「這是我五十九歲的生日禮物，是一位貴人林瑠美牧師送給我的，我覺得妳更值得擁有它。我看到妳媽媽臨時把她和妳爸爸的結婚金戒給妳和力恩，那是他們

那個年代的款式，我覺得這個鑽石更適合妳。」

同時文茜藉著滿滿的花籃，取出一朵朵、一束束地交給菲比。

「這花籃裡滿滿的花，是劉若英和我一起送的。這麼多花，我抽出一朵給菲比，妳交給心愛的人，表達感謝。妳想送給誰呢？」

菲比將花送給媽媽說：「親愛的媽媽，感謝您多年的照顧。我生病這些年，您辛苦了。」此時文茜拿起第二朵花交給菲比。

「這朵花要送給誰呢？」

菲比送給了力恩：「力恩，謝謝你陪著我度過許多難熬的時刻。」

接著第三朵給爸爸，菲比對他說：「爸爸，謝謝您的養育之恩，請您也在照顧聖徒之外，多分一點時間給家人。」

第四朵給姊姊，菲比對她說：「謝謝妳每天認眞過生活，努力盡好自己的本分，爲哥哥和我樹立了很好的榜樣。」

第五朵給哥哥：「哥哥，你的潛力無限，要對自己有信心。」接著給護理長，給陳副院長……。

文茜離開病房後，菲比小睡片刻，忽然驚醒，她問我說：「我的護照呢？」我以爲她在作夢，菲比又問一次：「我的護照呢？」我說：「妳的護照在家裡，醫師說妳現在不能去希臘，等身體好點才能去。」她越來越喘，她說：「媽媽，怎麼辦？」我實在不知該如何回答，只好對菲比說：「妳試著和腫瘤對話，請它不要爲難妳，和妳和平共處。」

第二天早上，菲比時而清醒，時而昏睡。菲比爸爸問我是否要幫菲比買早餐，我說：「菲比這麼喘，她還能吃嗎？」這時菲比竟清醒了說：「我好餓，我想吃蛋糕、喝鮮奶。」一聽寶貝喊餓，我立刻衝去買回來，菲比竟然津津有味吃完一半的分量。從心臟手術以來，難得有這麼好的胃口，她吃完很滿足的說：「眞好吃！」我看到她滿足的表情，頗感安慰，又覺得充滿了希望。

誰也沒有料到當天晚上七點〇二分，菲比一口氣吸不上來就這樣離我們而去。

6 莫忘菲比

菲比走了，誠如文茜說的：「死亡對菲比不是絕望，是微笑的終結。」雖然她可以把人生說得很苦，但因爲身邊擁有的愛，讓她短暫的生命，從淒楚變成永恆的美。所有的告別，都免不了眼淚，菲比卻一直微笑著。因爲她比許多人知道活著的意義。以下是文茜在《天下雜誌》第六四三期寫的〈有個女孩，叫菲比〉，因爲文長，僅摘錄片段描述：

菲比相信愛，也相信上帝的接引。……她生命倒數最後一天細細柔柔的聲音下，到底埋藏多大的生理痛苦，我們很難體會。但我看到的是一個最勇敢美麗的女孩和她的家人。她以微笑的甜蜜，消除所有人的悲傷。其實我們多數人皆害怕死亡，才將近二十一

歲的菲比卻如此從容應對。三月六日，在微笑中，麻醉劑慢慢打入她的體內，然後她再把最後剩餘的愛，器官捐贈，遺留給世人。她才不到二十一歲，卻擁有天使般的靈魂。

菲比走的那晚，川普大聲疾呼貿易戰，義大利五星排外運動選舉大勝。這麼多恨的力量，掠奪主要的權力寶座。但他們贏得什麼？有一天，川普要死亡，你、我、所有人都要離世。

我們有菲比面對生命終點百分之一的勇氣嗎？屆時我們能像她充滿愛，回看自己的一生嗎？

菲比在簽署眼角膜捐贈書的時候，捐贈單位送了兩隻小白熊布偶給菲比和力恩。力恩對她說：「妳要一直握著這隻小白熊，這是我們在天堂相認的信物。」當醫護人員把眼角膜摘除完畢，他們把菲比的大體推出來，力恩衝上前去，察看菲比手中小白熊是否完好緊握，他親吻女孩不再有血色的臉頰，跟她說，我們一定會再相見。家人和承辦員把大體送到殯儀館冰存。在火化前的探視，力恩再三確認女孩手中的小白熊還在，似乎男孩深怕，未來在天堂遇見會認不出女孩，家人看了都被男孩的深情感動，心酸不捨。

二〇一八年三月十二日，美麗的女孩化成縷縷灰煙，被化療藥腐蝕過的骨頭在火化後顏色黯淡慘綠。男孩小心翼翼包了一小包骨灰，要帶去撒向愛琴海，在那裡生生世世彼此守候。有一小罈骨灰，上面放著文茜所贈，象徵永恆的鑽戒，讓力恩帶回家族墓園安置。另有較大的骨灰罈盛裝了家人滿滿的思念與祝福，在金山平安園與山海為鄰，與青山長伴碧海旁。

二〇一八年三月十七日，菲比的追思聚會，在台北榮總附近的義理街會所舉行。許多認識或不認識的人，從四面八方湧來追念菲比天使，把整個會所擠得水泄不通，連一樓走廊外都擠滿了人。聚會長達三個小時，不管是老的少的，有許多人全程站著，甚至走廊上及走廊外都有許多人拿著手機全程站著看直播。有些人雖然無法親臨現場，也在家裡同步看直播，大家對菲比的愛，我們銘感萬分。

追思會當天，東吳大學的學務長率領代表師生，授與菲比英文系榮譽學士畢業證書，肯定她積極正面的表現。文茜在會中以錄影播放了她對菲比的感言。

追思會後，我們帶著菲比的骨灰來到金山平安園。當她要入土爲安的時刻，天空飄起蕭蕭細雨，像是親人汨汨流出而止不住的眼淚，也象徵著對她綿綿長長的思念。親愛的菲比，謝謝妳這良善美麗的天使曾經走過人間，留給我們無限美好的啟示與回憶，我們到那日天上主前再相見。

文茜寫了一首詩送給力恩，也是對菲比的紀念：

星星在飄落——
在一個寒冷卻神聖的夜晚。
愛情在夢中微笑，
愛情夢著永恆……
愛溫暖了一切。
愛是永恆的奉獻，

沒有徒勞的害怕，
不必徒勞的痛苦。
那一夜，愛情的手，
深深滑入永恆的戒指。

菲比的追思紀念會邀請卡
Phoebe
柯菲比姊妹
追思聚會
我不是一個機率，
我是菲比，
要活出獨一無二的人生。
想看更多，請掃→

7 相約在天家

菲比和力恩訂婚後，一直沈醉愛情的甜美夢幻中。她好似作夢一般，說著自己的快樂。雖然呼吸很喘，她喃喃地對力恩說：「You are my husband now……I am so happy……」力恩感受女孩的喜悅，他也爲女孩的滿足歡喜。

當女孩因爲一口氣上不來而永遠離去的那一刻，希臘男孩聲嘶力竭喊著說：「Open your wings. Fly , my angel. Fly and fly. You just fly and I will find you later. I will find you!」（張開妳的翅膀飛翔吧，我的天使！飛吧，妳只管盡情高飛遨翔。不久的將來我會去找妳，我一定會找到妳！）

菲比的身後事忙完了，憔悴落寞的希臘男孩要告別台灣，回到他的家鄉。力恩帶著小小的骨灰罈，裡面靜靜躺著心上人化成灰燼的點點滴滴，還有一顆象徵永恆的鑽戒。

他帶著菲比留給他的黃色大型硬殼行李箱，和裡面寫滿他們對話的菲比的手機，並拒絕我們送他搭機，獨自一人坐上前往機場的計程車。

車子發動的時候，力恩想起第一次來台灣，菲比一家人和他到花蓮太魯閣，我們提醒他觀賞太魯閣這大自然造物主的鬼斧神工。但當時男孩的心思裡裝不下任何其他人事物，只看到一片風景，眼裡盡是看不完的菲比，他眼裡的她是那麼美，她的一顰一笑是那麼吸引著他。

在廂型車上，我和力恩說：「菲比的心被藍色海洋上的小船給奪去了！」他聽了滿是甜蜜的感動。他想起那封費盡心思做的告白信，上面寫著「妳將揚帆啟航……」，他的兩行清淚再也止不住。這時從後視鏡觀察著他的司機問道：「年輕人，你要去哪裡？」力恩無意識地回說：「桃園機場，Please」，接著他打開菲比的手機，手機裡最後的幾則簡訊顯示他們最後的對話。

力恩‥Girl, I love you, I love every single second with you.
I want to wake up next to you 20,000 times.
I want us to grow up together and play like children.
I want us to be the cutest couple, even when we are old.

28 FEB, 11:22 AM

力恩‥Girl ❤

2 MAR, 10:08 AM

力恩‥I love you, my angel.

菲比‥I love you, my boy.

菲比‥Boy. I love you very much, I will fight for our love. You are the strongest.

給親愛的菲比

■柯順議（菲比的親叔叔）

摯愛的姪女是柯家永遠的女兒。自小聰慧婉約、知書達禮；一生的苦難與試煉，令為叔不捨與噓唏。她帶給世人的，是一連串的感恩與反思，她是如此高貴與雍容，是柯家永遠的天使。

■林志慶（台北榮總國際醫療中心主任暨國立陽明大學內科學教授）

菲比是個堅強的生命鬥士，激勵了無數人為生命奮鬥。然而獨臂少女雖然堅強，從不屈服於病魔，卻絕非單打獨鬥。堅強的女孩有著同樣堅強的家人，一路上彼此打氣，齊心抗癌。菲比曾唱到：「不要說我堅強，讓我哭得釋放，不要說我堅強，你們的擁抱讓我不再受傷。」再頑強的戰士也有疲倦的時候，家人的愛是支持她奮鬥的力量。

其實早在菲比出生前，我便認識了她的父親。柯爸爸熱心助人，身上猶如時時刻刻點著一把熱火，使人溫暖，叫人明亮，雖時常各地奔波，卻樂此不疲，臉上總是透著由衷而來的喜樂。菲比實有乃父之風，右臂截肢後，雖然身心調適極為不易，但筆下的文章歌曲總是滿帶希望，沒有一絲埋怨，如同一盞盞暗中的明燈，照亮躲在死蔭下兀自哭泣的人們。她的文字給人勇氣面對最艱難的抉擇，她的歌曲懂得安慰最憂傷的心，而她所活的生命，更是燃燒自己，照亮別人的典範。

「不再害怕堅強，願在愛裡隱藏；不再害怕堅強，每個你們都讓我看見太陽」，菲比的堅強，來自圍繞著她的愛。「每一天還有每一天的盼望，最美的盼望是耶穌安家我心房」，菲比的勇氣，源於她信仰的堅定。

吳博貴（台北榮總骨骼肌肉腫瘤治療暨研究中心主任）

與菲比在醫院相識的這幾年，很詫異這位外貌柔美的女孩，內心為何會有如此強大的生命力！激動的讀完《不要說我堅強》後，才知這源源不絕的能量，是來自於母親的家庭教育，父親對神的真誠信仰，與丈夫的綿綿愛情。這些，像是風，將菲比如同種子般，從台灣吹往地中海；像是日光，讓菲比如同花兒般，再次生長於希臘的土壤！

連竟堯（花蓮門諾醫院發展部主任）

含著眼淚一次又一次看著菲比的故事，如果是我面對同樣的狀況恐怕也無法像這個小女孩這樣勇敢。想起她在門諾演奏分享時的喜悅，面對癌症的復發，手術後等著她的是六次化療與三十四次的電療，她依然沒有對生命失去盼望，依然願意用她生命每一刻的經歷，來分享與幫助她人，也謝謝楊緒南醫師在她幻肢痛的部分給予的協助。

■黃東榕（花蓮門諾醫院影音編輯）

二〇一六年六月三日，門諾藝文邀請柯菲比來花蓮分享與演講，她的單手彈奏比四手聯彈還要有力量。雖然她回天家了，但就如她所說，閉上眼睛用心聆聽她的歌曲，就能感受到生命的靜謐。她的笑容我還記得，願神紀念她在這幾年抗癌之路的幫助與分享，也願她堅強的容顏永留在我們的心中。

■ 王安琪（東吳大學英文系主任）

菲比是我任教四十年來最認真的學生，一整學年從未缺課，她把寫給我的感謝函用單手折疊成紙鶴，我一直捨不得拆開，擔心折不回去。她巡迴各大校園的生命講座場場爆滿，我一面聽一面掉眼淚，她也寫了很多勵志文字投稿報章雜誌，還用累積的演講費和稿費去希臘自助旅行，我一直珍藏她帶回來的紀念品。如今她終於集結出版成書，我也履行當年親口承諾，為她寫幾句推薦的話。

■ 吳佳玲（兒童癌症基金會會務副主任）

由於疾病治療，菲比有著不同於一般孩子的成長歷程。其中，透過菲比清新的靈魂所散發出的愛，溫暖在她堅毅的抗癌之路裡傳遞著。

■ **姚淑文（東吳大學健康暨諮商中心主任）**

菲比說好跟大家一起畢業的，至今她的精神仍與我們同在，她留給東吳大學資源教室同學們的禮物是，「看見自己永不放棄」的精神，因為有菲比，我們會一起堅強走下去。謝謝菲比和媽媽。

CFV0332

不要說我堅強——我希望在我死後，仍能繼續活著

作　者—柯菲比、張瓊午（菲比媽媽）
主　編—林潔欣
企　劃—葉蘭芳
封面設計—江孟達
封面插畫—阿布（張椀晴）
美術設計—李宜芝
內頁照片提供—張瓊午

董事長—趙政岷
出版者—時報文化出版企業股份有限公司
108019台北市和平西路三段二四〇號三樓
發行專線／（02）2306-6842
讀者服務專線／0800-231-705、（02）2304-7103
讀者服務傳真／（02）2304-6858
郵撥／1934-4724時報文化出版公司
信箱／10899臺北華江橋郵局第99信箱
時報悅讀網—http://www.readingtimes.com.tw
電子郵件信箱—newlife@readingtimes.com.tw
法律顧問—理律法律事務所 陳長文律師、李念祖律師
印　刷—紘億印刷有限公司
初版一刷—二〇一八年十月五日
初版三刷—二〇二二年十二月五日
定　價—新臺幣三二〇元
（缺頁或破損的書，請寄回更換）

時報文化出版公司成立於一九七五年，
並於一九九九年股票上櫃公開發行，於二〇〇八年脫離中時集團非屬旺中，
以「尊重智慧與創意的文化事業」為信念。

不要說我堅強 : 我希望在我死後,仍能繼續活著 / 柯菲比, 張瓊午著. -- 初版. -- 臺北市 : 時報文化, 2018.10
面；　公分

ISBN 978-957-13-7523-6(平裝)

1.柯菲比　2.臺灣傳記　3.自我實現

177.2　　107014097

ISBN 978-957-13-7523-6
Printed in Taiwan